edition suhrkamp

Redaktion: Günther Busch

Herbert Marcuse, geboren am 19. Juli 1898 in Berlin, ist Professor der Philosophie an der University of California (USA). Schriften: *Hegels Ontologie und die Grundlegung einer Theorie der Geschichtlichkeit* 1932; *Reason and Revolution* 1941 (dtsch.: *Vernunft und Revolution* 1962); *Eros and Civilization* 1955 (dtsch.: *Triebstruktur und Gesellschaft* 1966); *Sovjet Marxism* 1958 (dtsch.: *Die Gesellschaftslehre des sowjetischen Marxismus* 1964); *One-Dimensional Man* 1964 (dtsch.: *Der eindimensionale Mensch* 1967); *Kultur und Gesellschaft I und II* 1965; *Kritik der reinen Toleranz* (gemeinsam mit R. P. Wolff und B. Moore) 1966; *Ideen zu einer kritischen Theorie der Gesellschaft* 1969; *An Essay on Liberation* 1969 (dtsch.: *Versuch über die Befreiung* 1969).

Die Rezeption der Werke Herbert Marcuses, die zwischen 1967 und 1970 einen ersten Höhepunkt hatte, hat jetzt, anknüpfend insbesondere an seine letzte Veröffentlichung *Konterrevolution und Revolte* (es 591) und unter leicht veränderten Bedingungen, erneut intensiv eingesetzt. Im Mittelpunkt des Interesses stehen nun vor allem Marcuses Interpretationen kulturrevolutionärer Prozesse und seine Neubestimmung des Verhältnisses zwischen Gesellschaftstheorie und politischer Praxis. In diesen Zusammenhang gehören auch die in unserem Band enthaltenen Vorträge, die in den letzten Jahren entstanden sind und in deren Themenstellung die kulturkritischen Positionen des Autors in der Auseinandersetzung mit Zeitströmungen und Gegenpositionen präzise markiert werden.

Herbert Marcuse
Zeit-Messungen

Drei Vorträge und ein Interview

Suhrkamp Verlag

edition suhrkamp 770
Erste Auflage 1975

Satz, in Linotype Garamond, Druck und Bindung bei Georg Wagner, Nördlingen, Gesamtausstattung Willy Fleckhaus.

Inhalt

Drei Vorträge

Marxismus und Feminismus[1]

Ich möchte mit einigen eher persönlichen Bemerkungen beginnen und schließen. Vorweg möchte ich sagen, daß diese Einladung zu einem Vortrag die einzige ist, die ich im gesamten akademischen Jahr angenommen habe. Der Grund dafür ist sehr einfach. Ich bin der Auffassung, daß die Frauenbefreiungsbewegung (Women's Liberation Movement) derzeit die vielleicht wichtigste und potentiell radikalste politische Bewegung ist, auch wenn das Bewußtsein dieser Tatsache die Bewegung als ganze noch nicht durchdrungen hat.

Kurze Erklärung einiger Begriffe:

Realitätsprinzip:

Die Gesamtsumme der Normen und Werte, die das Verhalten in einer gegebenen Gesellschaft beherrschen, verkörpert in deren Institutionen, menschlichen Beziehungen usw.

Leistungsprinzip:

Ein Realitätsprinzip, das auf der Effizienz und der Fähigkeit beruht, in der Konkurrenz erfolgreich zu bestehen.

Eros, im Unterschied zur *Sexualität*:

Sexualität: Partialtrieb; libidinöse Energie, die sich auf die erogenen Zonen des Körpers beschränkt und konzentriert, hauptsächlich: genitale Sexualität.

Eros: Libidinöse Energie, die im Kampf mit der aggressiven Energie nach Intensivierung, Erfüllung und Vereinheitlichung von Leben und Umwelt strebt: Lebenstrieb gegen Todestrieb (Freud).

Verdinglichung:

Das Erscheinen von Menschen und zwischenmenschlichen Beziehungen als Objekte, Dinge und als Verhältnisse zwischen Objekten, Dingen.

Nun zwei Vorbemerkungen zur Lage der Frauenbefreiungsbewegung, wie ich sie sehe. *Erstens:* Die Bewegung entstand und entfaltet sich in einer patriarchalischen Zivilisation; daraus folgt, daß zunächst mit Begriffen diskutiert werden muß, die dem gegenwärtigen Status der Frauen in dieser Zivilisation entspre-

1 Revidierter Text eines Vortrags, gehalten am 7. März 1974 auf Einladung des *Center for Research on Women* der Stanford University.

chen. *Zweitens* entwickelt sich die Bewegung in einer Klassengesellschaft; darin liegt das erste Problem. Frauen sind keine Klasse im Marxschen Sinne des Begriffs. Die Beziehung zwischen Mann und Frau geht quer durch die Klassen, aber die unmittelbaren Bedürfnisse und Möglichkeiten der Frauen sind weitgehend von ihrer Klassenzugehörigkeit geprägt. Gleichwohl kann man die umfassende Kategorie »Frau« mit gutem Grund der Kategorie »Mann« gegenüberstellen. Besonders der lange historische Prozeß, in dem die sozialen, mentalen und sogar die physiologischen Merkmale der Frauen sich als von denen der Männer verschiedene und ihnen entgegengesetzte herausbildeten, rechtfertigt diese Antithese.

Hier ein Wort zu der Frage, ob die »femininen« oder »weiblichen« Qualitäten sozial bedingt oder »natürliche«, biologische seien. Meine Antwort lautet: Jenseits der offensichtlichen physiologischen Unterschiede zwischen Mann und Frau sind die femininen Qualitäten sozial determiniert. Durch den Jahrtausende währenden Prozeß sozialer Determinierung können diese Qualitäten freilich zur »zweiten Natur« werden, die sich nicht von selbst mit dem Entstehen neuer Institutionen ändert. Auch sozialistische Institutionen können Frauen diskriminieren.

In der patriarchalischen Zivilisation wurden und werden die Frauen einer spezifischen Repression unterworfen, ihre geistige und physische Entwicklung wurde und wird in eine spezifische Richtung gelenkt. Aus diesem Grund ist eine eigenständige Frauenbewegung nicht nur gerechtfertigt, sondern notwendig. Aber gerade die Zielsetzungen dieser Bewegung implizieren so radikale Veränderungen sowohl der materiellen als auch der intellektuellen Kultur, daß sie nur durch Veränderung des gesamten Gesellschaftssystems erreicht werden können. Über und durch ihre eigene Dynamik ist die Frauenbewegung mit dem politischen Kampf um die Revolutionierung der bestehenden Lebensverhältnisse und menschlichen Verkehrsformen, für die Freiheit von Männern *und* Frauen verbunden. Denn hinter der Dichotomie Mann–Frau verbirgt sich das beiden, Mann und Frau, gemeinsame Interesse an der Durchsetzung einer menschenwürdigen Existenzweise, deren Verwirklichung immer noch aussteht.

Die Frauenbewegung agiert auf zwei Ebenen, erstens auf der Ebene des Kampfes um volle ökonomische, soziale und kulturelle

Gleichberechtigung. Zu fragen ist, ob solche ökonomische, soziale und kulturelle Gleichberechtigung im Rahmen des Kapitalismus erreichbar ist. Ich werde auf die Frage zurückkommen, will aber schon jetzt eine vorläufige Hypothese vorlegen: Es gibt keine stichhaltigen ökonomischen Gründe, aus denen diese Gleichberechtigung im Rahmen des Kapitalismus – eines allerdings erheblich modifizierten – nicht durchgesetzt werden könnte. Die Möglichkeiten und die Ziele der Frauenbewegung reichen allerdings – und dies ist die zweite Ebene – über dieses Programm weit hinaus, nämlich in Bereiche, die weder unter kapitalistischen Verhältnissen noch unter denen einer anderen Klassengesellschaft erschlossen werden können. Ihre Verwirklichung bedürfte eines zweiten Schritts, in dem die Bewegung ihre erste Struktur und Zielsetzung transzendiert. Auf dieser Stufe »jenseits der Gleichberechtigung« beinhaltet Befreiung den Aufbau einer Gesellschaft, die von einem anderen als dem bisherigen Realitätsprinzip geprägt ist, einer Gesellschaft, in der die bestehende Dichotomie Mann–Frau in den neuen sozialen und personellen Beziehungen überwunden ist.

In diesem Sinne meint die Bewegung selbst die Vorstellung nicht nur neuer gesellschaftlicher Institutionen, sondern auch eines differenten Bewußtseins und einer differenten Triebstruktur in Männern *und* Frauen, die von den Erfordernissen der Herrschaft und Ausbeutung frei sind. Genau darin beruht das radikale, subversive Potential der Frauenbewegung. Es bedeutet nicht nur ein Bekenntnis zum Sozialismus (volle Gleichberechtigung der Frauen war immer eine grundlegende sozialistische Forderung), sondern auch zu einer besonderen Form des Sozialismus, die »feministischer Sozialismus« genannt worden ist. Ich werde auf diese Idee zurückkommen.

Das Wesentliche an dieser Transzendierung ist die Umwälzung der ausbeuterischen und repressiven Werte der patriarchalischen Zivilisation, die Negation ihrer aggressiven Produktivität, die diese Gesellschaft, in der Form des Kapitalismus, auf erweiterter Stufenleiter reproduziert. Eine derart fundamentale Umwälzung kann allerdings nie und nimmer ein bloßes Nebenprodukt neuer gesellschaftlicher Institutionen sein; sie muß ihre Wurzeln in den Männern und Frauen haben, die die neuen Institutionen errichten.

Was ist der Inhalt dieser Umwälzung der Werte im Übergang

zum Sozialismus? Und ist dieser Übergang in irgendeiner Hinsicht gleichbedeutend mit der Freisetzung und der Entfaltung *spezifisch femininer* Eigenschaften in gesellschaftlichem Maßstab? Die dem kapitalistischen Realitätsprinzip eigentümlichen Werte sind das Leistungsprinzip, die Herrschaft funktionaler Rationalität, die die Emotionen unterdrückt, eine doppelte Moral, die »Arbeitsethik«, die für die große Mehrheit der Bevölkerung Verurteilung zu entfremdeter und entwürdigender Arbeit bedeutet; und der Wille zur Macht, die Zurschaustellung von ›Stärke‹, Virilität.

In dieser Wertehierarchie äußert sich eine Triebstruktur, in der primäre aggressive Energie dazu tendiert, die Lebenstriebe, d. h. die erotische Energie, zu reduzieren und zu schwächen. Nach Freud werden die destruktiven Tendenzen in der Gesellschaft an Stärke gewinnen; die Zivilisation muß notwendig die Repression intensivieren, um die Herrschaft angesichts der zunehmend realistischeren Möglichkeiten der Befreiung aufrechtzuerhalten, und die gesteigerte Repression führt ihrerseits zur zusätzlichen Aktivierung von Aggressivität und zu deren Kanalisierung in sozial nützliche Aggression.

Die Mobilisierung der Aggressivität ist uns heute nur allzu vertraut: Militarisierung, Brutalisierung der Kräfte von »law and order«, die Fusion von Sexualität und Gewalt, die Gegenoffensive gegen den den Lebenstrieben dienenden Kampf für den Umweltschutz usw.

Diese Tendenzen sind in der Infrastruktur des fortgeschrittenen Kapitalismus verwurzelt. Die sich verschärfende ökonomische Krise, die intensivierte Ausbeutung, die Reproduktion der bestehenden Gesellschaft durch Vergeudung und Vernichtung erfordern verstärkte und ausgefeilte Kontrollen, um die Bevölkerung »bei der Stange zu halten« – Kontrollen, die bis in die Tiefen der Triebstruktur reichen. In dem Maße, in dem die Totalisierung der Aggressivität und Repression heute die gesamte Gesellschaft durchdringt, wandeln sich die Vorstellungen vom Sozialismus in einem wichtigen Punkt. Der Sozialismus als eine *qualitativ* andere Gesellschaft muß die Antithese, die bestimmte Negation der aggressiven und repressiven Bedürfnisse und Werte des Kapitalismus als einer vom Mann beherrschten Kultur verkörpern.

Die objektiven Bedingungen für eine derartige Antithese und Umwälzung der Werte reifen heran und ermöglichen – zumindest in einer Übergangsphase – die Realisierung von Qualitäten, die in der langen Geschichte der patriarchalischen Gesellschaft eher der Frau als dem Mann zugeschrieben wurden. Als Antithese zu den herrschenden maskulinen formuliert, wären solche femininen Qualitäten: Rezeptivität, Sensitivität, Gewaltlosigkeit, Zärtlichkeit usw. Diese Qualitäten erscheinen in der Tat als der Herrschaft und Ausbeutung entgegengesetzt. Auf der primären psychologischen Ebene rechnet man sie gewöhnlich dem Bereich des Eros zu; sie stehen für die Kraft der Lebenstriebe, gegen den Todestrieb und gegen die Destruktion.

Und hier erhebt sich die Frage, warum diese Qualitäten als spezifisch *feminine* gelten und erscheinen. Warum formten sie nicht auch die dominante männliche Triebstruktur?

Dieser Prozeß hat eine jahrtausendealte Geschichte, in der die Verteidigung der jeweils bestehenden Gesellschaft und ihrer Hierarchie ursprünglich von physischer Kraft abhing. Eben dies bestimmte und prägte die Rolle der Frau, die, verpflichtet auf Schwangerschaften und die Aufzucht der Kinder, gesellschaftlich benachteiligt war. Die Frau wurde als dem Mann unterlegen betrachtet, als schwächer, als Hilfe oder Anhängsel des Mannes, als Sexualobjekt, als Werkzeug der Reproduktion. Einzig als Arbeiterin erreichte sie eine Art Gleichberechtigung, eine repressive Gleichberechtigung mit dem Mann. Ihr Körper, ihr Geist wurden verdinglicht, wurden zu Objekten. Ihre intellektuelle wie ihre erotische Entwicklung wurde blockiert; Sexualität wurde als Mittel zum Zweck der Fortpflanzung oder Prostitution objektiviert.

Ein erster Gegenzug wurde zu Beginn der Neuzeit im 12. und 13. Jahrhundert wirksam, und zwar – was höchst bedeutsam ist – im unmittelbaren Kontext der großen und radikalen Ketzerbewegungen, z. B. der Albigenser. In jenen zwei Jahrhunderten wurde von den Troubadours die Autonomie der Liebe, die Autonomie der Frau proklamiert, gegen die männliche Roheit und Macht. »Romantische Liebe« ist zu einem vielbelächelten Begriff geworden, besonders in der Frauenbewegung. Ich nehme ihn nach wie vor ernst und sehe die erste Romantik in dem historischen Kontext, in dem sie gesehen werden sollte: im Zusammenhang der ersten großen Umwälzung der bestehenden Werte; des ersten bedeutenden Protests gegen die feudale Hierarchie und ihre extrem ausgeprägte Unterdrückung der Frau.

Dieser Protest war ganz zweifellos weitgehend ideologisch und auf einen Teil des Adels beschränkt; jedoch war er nicht gänzlich ideologisch. Die vorherrschenden sozialen Normen wurden in den berühmten, von Elinor d'Aquitaine eingerichteten »Gerichtshöfen der Liebe« umgestoßen; das Urteil fiel so gut wie immer gegen den Ehemann und gegen die erzwungene Treuepflicht der Frau aus; das Recht der Liebe verdrängte das Recht des Feudalherrn. Es war eine Frau, die nach den Berichten (oder Legenden?) die letzte Festung der Albigenser gegen die mörderischen Heere aus dem Norden verteidigte.

Die genannten fortschrittlichen Bewegungen wurden grausam unterdrückt. Die schwachen Anfänge des Feminismus, die zudem nur eine schwache Klassenbasis hatten, wurden zerstört. Aber mit der Entwicklung der Industriegesellschaft wandelte sich allmählich auch die Stellung der Frau. Im Zeichen des technischen Fortschritts hängt die soziale Reproduktion immer weniger von physischer Kraft und Geschicklichkeit im Krieg, im materiellen Produktionsprozeß oder im Geschäftsleben ab. In der Folge wurden immer mehr Frauen als Arbeitsinstrumente ausgebeutet. Die Schwächung der sozialen Position der männlichen Herrschaft verhinderte indes nicht ihre Fortsetzung durch die neue herrschende Klasse. Die steigende Beteiligung der Frauen am industriellen Arbeitsprozeß erweiterte die Rekrutierungsbasis der Ausbeutung neben der zusätzlichen Ausbeutung der Frau als Hausfrau, Mutter, Dienstmädchen. Der fortgeschrittene Kapitalismus schuf jedoch allmählich die Bedingungen, um die Ideologie der weiblichen Qualitäten in Realität umzusetzen, um die Schwäche, die ihnen anhaftete, in Stärke zu verwandeln, das sexuelle Objekt zum Subjekt werden zu lassen. Auf Grund der Errungenschaften des Kapitalismus kann der Feminismus zu einer politischen Kraft im Konflikt mit dem Kapitalismus werden. Gerade angesichts dieser Möglicheiten spricht Angela Davis in ihrem Aufsatz *Women and Capitalism* (Dezember 1971), den sie im Gefängnis von Palo Alto schrieb, von der revolutionären Funktion der Frau als der Antithese zum Leistungsprinzip.

Die Ausgangsbedingungen für eine solche Entwicklung sind im wesentlichen folgende:

– die Erleichterung schwerer körperlichen Arbeit;
– die Verringerung der Arbeitszeit und der mögliche Sieg über die Armut;

- die Produktion von angenehmer und billiger Kleidung;
- die Liberalisierung der sexuellen Moral;
- Geburtenkontrolle;
- allgemeine Bildung.

Diese Faktoren bezeichnen die technisch-soziale Basis der Antithese zum Leistungsprinzip, der Emanzipation der weiblichen Sinnlichkeit und Intelligenz: Versinnlichung der Intelligenz, der Ratio. Gleichzeitig wird diese Emanzipation von der Gesellschaft gefesselt, manipuliert und ausgenutzt; denn der Kapitalismus kann den Aufstieg libidinöser Qualitäten, die die rigide Arbeitsethik des Leistungsprinzips und die Reproduktion dieser Arbeitsethik durch die Individuen selbst gefährden, nicht zulassen. So werden die befreienden Tendenzen auf dieser Stufe in ihrer manipulierten Form Teil der Reproduktion des bestehenden Systems: sie werden zu Tauschwerten, die das System verkaufen und die das System verkauft. Die Austauschgesellschaft erreicht mit der Kommerzialisierung der Sexualität ihren Höhepunkt; der weibliche Körper ist nicht nur eine Ware, sondern auch ein entscheidender Faktor bei der Realisierung des Mehrwerts. Und die berufstätigen Frauen leiden in immer größerer Zahl unter der doppelten Last als Arbeiterin und Hausfrau. So verewigt sich die Verdinglichung der Frau auf eine äußerst effektive Art und Weise. Wie kann diese Verdinglichung aufgehoben werden? Wie kann die Emanzipation der Frau zu einer entscheidenden Kraft beim Aufbau des Sozialismus als einer qualitativ anderen Gesellschaft werden?

Gehen wir zurück auf die erste Stufe in der Entwicklung dieser Bewegung, und nehmen wir an, die vollständige Gleichberechtigung wäre durchgesetzt. Als Gleichberechtigte in der Wirtschaft und Politik des Kapitalismus müßten die Frauen die wettbewerblichen und aggressiven Qualitäten, die erforderlich sind, um sich in einer Stellung zu halten oder im Beruf vorwärtszukommen, mit den Männern teilen. Es würden das Leistungsprinzip und die ihm inhärente Entfremdung auch von den Frauen aufrechterhalten und reproduziert. Um die Gleichberechtigung zu erreichen, die eine entscheidende Voraussetzung für die Befreiung ist, muß auch die Frauenbewegung aggressiv sein. Aber Gleichberechtigung ist noch keine Freiheit. Als gleichberechtigtes ökonomisches und politisches Subjekt kann die Frau als Frau eine führende Rolle in einer radikalen Rekonstruktion der Gesellschaft übernehmen.

Der Übergang zu einem Bereich »jenseits der Gleichberechtigung« ist als ein bloßes Resultat quantitativen Fortschritts nicht vorstellbar. Er gebietet die Herausbildung einer anderen Qualität. Jene Werte der Frauenbewegung, die die bestehende Gesellschaft transzendieren, müssen sich bereits im Kampf für die ökonomische und kulturelle Gleichberechtigung spiegeln. Wie aber können diese Werte, die eine reale Antithese zu den vorherrschenden sind, in Kombination mit der wettbewerbsorientierten Aggressivität »praktiziert« werden, die mit der Erreichung der Gleichberechtigung erforderlich ist? Hier liegt die große Aufgabe für die Frauenbewegung. Es ist denkbar, daß mit der wachsenden Anzahl der Frauen, die in der ökonomischen und kulturellen Sphäre tätig sind, allmählich ein Wandel in der Art der Ausübung des Berufs, ein Wandel in der Art der Arbeit eintreten könnte. Darüber hinaus könnte sich der Inhalt der Produktion selbst ändern (Verschwinden der Produktion, die auf die kapitalistischen Bedürfnisse von Rüstung, Vergeudung und geplanter Veralterung ausgerichtet ist). Es ist denkbar, daß Gruppen oder »Kollektive« von Frauen eine solche Transformation initiieren und vielleicht sogar durchsetzen können. Auch in dieser Beziehung würde sich die Befreiung der Frau in die radikalen politischen Tendenzen einreihen, die zur Dezentralisation und zur Organisierung von lokalen und regionalen Einheiten des Widerstands und der Revolte tendieren.

Im Schritt über die Gleichberechtigung hinaus würde die Befreiung die bestehende Hierarchie umstürzen – ein Umsturz, der zum Aufbau einer Gesellschaft führen würde, die von einem neuen Realitätsprinzip geleitet wäre. Und gerade darin erblicke ich das revolutionäre Potential des *feministischen Sozialismus.* Seine Verwirklichung wäre weit mehr als die Ersetzung einer Hierarchie durch eine andere. Die Frauenbewegung verfällt heute oft eben jenem Biologismus, den sie am patriarchalischen Bild der Frau zu Recht kritisiert: »der Mann« ist identifiziert mit Unterdrückung und Aggression – trotz der evidenten und zahlreichen »Ausnahmen«. Dieses Bild vom Mann schreibt ihm als biologisch-physiologischem Wesen Qualitäten zu, die gesellschaftlich determiniert sind, und es konstruiert eine Kategorie »Frau« *als* Frau, als wesentliche Antithese zum »Mann«. Eine Gesellschaft jedoch, in der die Frau dominiert, eine Art Matriarchat als geschichtliche Nachfolge des Patriarchats wäre noch nicht per se eine bessere und gerechtere Gesellschaft. Erst und nur dann, wenn die weiblichen Qualitäten, die wirklich antithetisch zu Unterdrückung und Aggression stehen, durch die Emanzipation der Frau zu gesellschaftlichen Qualitäten werden (bestimmend in der Gesellschaft als ganzer), wäre das Patriarchat tatsächlich überwunden. Ein einziger Blick auf die Photographien weiblicher Aufseher in Konzentrationslagern zeigt, bis zu welchem Grade auch Frauen in der kapitalistischen Gesellschaft funktionalisiert und dehumanisiert werden können. Und der Gegensatz zwischen den für ihre Emanzipation kämpfenden Frauen und denen der herrschenden Cliquen mag schärfer sein als der zwischen »Mann« und »Frau«. So wie diese Gesellschaft Frau gegen Frau setzt (trotz aller biologisch-physiologischen Gleichheit), so schafft sie auch die Basis für den gemeinsamen Befreiungskampf von Männern und Frauen, trotz aller biologisch-physiologischen Differenz.

Die Ablehnung solcher Zusammenarbeit, die Verwerfung des Mannes *als* Mann, ist in aller Regel Ausdruck der Revolte gegen das patriarchalische Bild der Frau als libidinöses Objekt, als sexuelles Objekt. Der Kapitalismus belohnt weibliche Schönheit, indem er sie zur Ware macht. Frauen, die dieses Bild nicht verkörpern oder nicht akzeptieren, werden benachteiligt, erniedrigt. Doch die bloße Negation des geltenden Schönheitsideals verfehlt ihr Ziel, wenn sie nicht die emanzipatorische Funktion von Schönheit erkennt und anerkennt. Der gesellschaftliche Wert der Schönheit ist wesentlich ambivalent: einerseits verziert und »verkauft« sie das bestehende System, sie hat hohen Tauschwert; andererseits aktiviert sie, im Bereich des Eros, die triebhafte Rebellion gegen das aggressive Realitätsprinzip.

Im Bereich des Eros erscheint Schönheit in der patriarchalischen Gesellschaft primär als die fast unsublimierte sinnliche Qualität des weiblichen Körpers. (Mit dem Wachstum des Warenreichtums wächst allerdings auch der Marktwert des männlichen Körpers.) Doch selbst der Kult weiblicher Schönheit in Warenform könnte zu einer Kraft werden, die ihre kapitalistische Realisierung transzendiert. Weibliche Sinnlichkeit könnte die repressive Ratio und Arbeitsethik des Kapitalismus unterminieren. Dann würden die *herrschenden* Standards von Schönheit eine gründliche Umwertung erfahren, entsprechend der Entwicklung der

Frau vom Sexualobjekt zum erotischen Subjekt. Die Sinnlichkeit des weiblichen Körpers gründet nicht in »plastischer« Schönheit; diese ist vielmehr repressiv und von geringem erotischen Wert. Die Emanzipation der Frau würde die *individuellen, eigenen* erotischen Qualitäten entgegen den herrschenden Normen befreien.

Feministischer Sozialismus: Ich sprach von einer notwendigen Modifikation des Sozialismusbegriffs, weil ich glaube, daß es im Marxschen Konzept vom Sozialismus Überbleibsel, fortwirkende Elemente des Leistungsprinzips und seiner Werte gibt. Diese Elemente sehe ich z. B. in der Betonung einer immer effektiveren Entfaltung der Produktivkräfte, einer immer produktiveren Ausbeutung der Natur, einer Trennung des »Reichs der Freiheit« von der Arbeitswelt.

Die Möglichkeiten des Sozialismus heute transzendieren diese Vorstellungen. Der Sozialismus als eine andere Lebensform würde die Produktivkräfte nicht nur zur Verminderung der entfremdeten Arbeit und der Arbeitszeit verwenden, sondern auch dazu, das Leben zu einem Zweck an sich zu machen, die Sinne und den Intellekt zur Befriedung der Aggressivität zu entfalten. Das wäre die Emanzipation der Sinnlichkeit und der Vernunft von der Rationalität der Herrschaft: *kreative Rezeptivität versus repressive Produktivität.* In diesem Zusammenhang erscheint die Befreiung der Frau in der Tat »als die Antithese zum Leistungsprinzip«, als die revolutionäre Funktion der Frau in der Rekonstruktion der Gesellschaft. Weit davon entfernt, Unterwürfigkeit und Schwäche zu begünstigen, würden die femininen Qualitäten in dieser Rekonstruktion aggressive Energie entfalten – allerdings *gegen* Herrschaft und Ausbeutung. Sie träten als Bedürfnisse und Befriedigungen in der sozialistischen Organisation der Produktion auf, in der gesellschaftlichen Arbeitsteilung und bei der Festlegung der gesellschaftlichen, politischen, kulturellen Prioritäten, wenn die Armut dereinst überwunden sein wird. Und wenn dann die femininen Qualitäten in die Infrastruktur der Gesellschaft als ganze eingehen, hören sie auf, spezifisch feminine zu sein. Die primäre Aggressivität würde zwar weiterbestehen, aber sie könnte sehr wohl die spezifisch männliche Form der Herrschaft und Ausbeutung ablegen. Der technische Fortschritt, der hauptsächliche Träger der produktiven Aggressivität, würde seine kapitalistischen Erscheinungsweisen, seine Destruktivität hinter sich lassen.

Ich denke, es gibt gute Gründe dafür, diese Vorstellung von einer sozialistischen Gesellschaft »feministischer Sozialismus« zu nennen: die Frau hätte in der allgemeinen Ausbildung ihrer Fähigkeiten die volle ökonomische, politische und kulturelle Gleichberechtigung erreicht, und auf der Basis dieser Gleichberechtigung wären sowohl soziale als auch persönliche Beziehungen, der Mensch und sein Verhalten zur Natur, durchdrungen von der rezeptiven Sinnlichkeit, die unter männlicher Herrschaft größtenteils in der Frau konzentriert war: die Antithese »maskulin–feminin« wäre dann zu einer Synthese geworden – die legendäre Vorstellung vom *Androgynismus*.

Ich will einige Worte über diese extrem mythologische Konzeption sagen, von der ich freilich meine, daß sie weder gänzlich extrem noch völlig mythologisch ist. Der Idee des Androgynismus kann unmöglich eine andere rationale Bedeutung zugesprochen werden als die der gesellschaftlichen Fusion der Qualitäten, die in der patriarchalischen Zivilisation bei Männern und Frauen ungleichmäßig entwickelt waren, einer Fusion, in der feminine Charakteristika sich mit der Aufhebung der männlichen Vorherrschaft frei entfalten. Aber auf keiner Stufe der androgynen Fusion werden jemals die natürlichen Unterschiede zwischen Mann und Frau als Individuen erlöschen. Unaufgehoben und unangetastet bliebe diese Differenz in der Beziehung zum anderen, von dem man ein Teil werden will und von dem man will, daß er ein Teil von einem selbst wird, und der doch niemals ein Teil von einem selbst werden kann und werden wird: der auch im Eros unaufhebbare Widerspruch. Der feministische Sozialismus würde also zwar weiterhin von den Konflikten erschüttert, die aus diesem Widerspruch herrühren, den unlösbaren Konflikten von Bedürfnissen und Werten; aber der androgyne Charakter der Gesellschaft könnte die Gewaltsamkeit und die Erniedrigung dieser Konflikte vermindern.

Der Feminismus ist eine Revolte gegen den verfallenden Kapitalismus, gegen die historische Überfälligkeit der kapitalistischen Produktionsweise. Dies ist das prekäre Bindeglied zwischen der Utopie und der Realität: Der soziale Boden für die Bewegung als einer potentiell radikalen und revolutionären Kraft ist bereitet; das ist der harte Kern des Traums. Aber der Kapitalismus ist noch immer in der Lage, ihn einen Traum bleiben zu lassen, die Kräfte zu unterdrücken, die auf den Sturz der menschenfeindlichen Werte unserer Zivilisation drängen.

Der Kampf für die Beseitigung dieser Verhältnisse ist nach wie vor ein politischer, und in diesem Kampf spielt die feministische Bewegung eine immer wichtigere Rolle. Ihre mentalen und physiologischen Kräfte bestätigen sich in der politischen Bildung und Aktion, in den Beziehungen zwischen den Individuen, bei der Arbeit und in der Freizeit. Aber ich wiederhole meine These, daß man die Freiheit nicht als Nebenprodukt neuer Institutionen erwarten darf; sie muß in den Individuen selbst heranwachsen.

Zum Schluß wieder eine persönliche Bemerkung. Wenn Sie wollen, können Sie sie als eine Kapitulationserklärung auffassen, oder als ein Bekenntnis. Ich bin der Meinung, daß wir Männer für die Sünden der patriarchalischen Zivilisation und deren Tyrannei bezahlen müssen: die Frauen müssen frei werden, um ihr eigenes Leben selbst zu bestimmen, nicht als Ehefrau, nicht als Mutter, nicht als Hausfrau, nicht als Freundin, sondern als individuelle, menschliche Wesen. Das wird ein Kampf sein voll von bitteren Konflikten, Qual und Leiden. Ein Beispiel sind die Spannungen in den erotischen Beziehungen, die im Verlauf der Befreiung unweigerlich auftreten werden. Sie können weder auf leichte, spielerische Art noch durch Brutalität, noch dadurch gelöst werden, daß man Tauschbeziehungen eingeht. Der feministische Sozialismus wird seine eigene Moral begründen und entwickeln müssen, die mehr und etwas anderes zu sein hätte als die bloße Absage an die bürgerliche Moral.

Die Befreiung der Frau wird ein schmerzhafter Prozeß sein; aber sie wird ein notwendiger, ein entscheidender Schritt sein auf dem Weg zu einer besseren Gesellschaft für Männer *und* Frauen.

Aus dem Amerikanischen übersetzt von Walle Bengs und Uli Laukat.

Theorie und Praxis[1]

Ich verstehe unter »Theorie« die Marxsche Theorie und unter »Praxis« die (im Sinne der elften *Feuerbach-These*) weltverändernde Praxis.

Theorie und Praxis sind niemals in unmittelbarer Einheit (dann fielen Theorie und Strategie zusammen). Spannung, selbst Konflikt mit der Praxis liegen im Wesen der Theorie, in ihrer Struktur selbst begründet:

1. Sie hat eine *antizipierende*, kritische Qualität. Auf Grund der Analyse der gegebenen Gesellschaft projiziert, *entwirft* die Theorie mögliche Praxis. Das ist das geschichtliche *A priori* der Theorie.

2. Sie bestimmt das *Allgemeine im Besonderen;* sie bringt die unmittelbaren, konkreten Erscheinungsformen der gegebenen Gesellschaft auf ihren Begriff, und sie begreift Tendenzen, die in der Praxis abgebogen und blockiert werden können. Das ist die der Theorie eigene *Abstraktheit;* sie ist Abstraktion von der mystifizierten Wirklichkeit, von verstümmelter Erfahrung.

Anderseits hat die Theorie ihre unabdingbare *empirische Basis:*

- die von ihr begriffenen Tendenzen und Bedingungen der Veränderung müssen in der gegebenen Gesellschaft aufweisbar sein. Je weniger dies der Fall ist, desto abstrakter ist die Theorie. Aber diese Abstraktheit macht die Theorie nicht zur Ideologie, zum falschen Bewußtsein,
- solange sie die (scheinbare oder faktische) Abwesenheit wirklicher revolutionärer Kräfte in der Analyse der Gesamtgesellschaft begründen, antizipieren, aus ihren Begriffen ableiten kann.

Das Spannungsverhältnis zwischen Theorie und Praxis ist in der Struktur der Theorie ausgedrückt durch die Unterscheidung von *Grundtendenz* und *Gegentendenzen* der Entwicklung, und zwar so, daß die Gegentendenzen aus der Grundtendenz *ableitbar*, nicht von *außen* der Theorie hinzugefügt sind (als *ex-post*-Anpassung an die Tatsachen), *und* daß durch alle Gegentendenzen hindurch die Grundtendenz herrschend bleibt.

Grundtendenz:

- die innere Dynamik des Kapitalismus, die zum Zusammenbruch treibt, *trotz* der und *in* den

Gegentendenzen:

- Imperialismus, Neokolonialismus, Faschismus, Monopol- und Staatskapitalismus.

Es wäre eine grobe *Verdinglichung* des Marxschen Begriffs, wenn die *Zusammenbruchstendenz* verabsolutiert würde. *Auch als Grundtendenz* enthält sie den *subjektiven Faktor:* die Praxis. Deren revolutionäre Kraft kann gebrochen werden. Dann würde dem Zusammenbruch des Kapitalismus ein Weltzustand der Barbarei folgen, in dem die technische Beherrschung der Produktivkräfte eine gesättigte Sklaverei unter totaler Kontrolle ermöglichen würde – auf dem Rücken hungernder »fremder« Bevölkerungsgruppen.

Die Dialektik von Grundtendenz und Gegentendenzen ist wirksam nicht nur in den *objektiven* Bedingungen der Veränderung, sondern auch im *Subjekt* der verändernden Praxis: in der Arbeiterklasse: Sie ist, in den höchstentwickelten kapitalistischen Ländern, nicht revolutionär; nicht nur im Sinn einer *»temporären« Abwesenheit* revolutionären Bewußtseins, sondern auch in dem Grad der Integrierung ihrer Bedürfnisse und Aspirationen ist sie in ihrer Majorität *nicht mehr die »bestimmte Negation«*. Ihre Massenparteien definieren sich selbst als »parti de l'ordre« und stellen fest, daß der Übergang zum Sozialismus nicht auf der Tagesordnung stünde.

In der Tat ist die Haltung der Arbeiterklasse in den monopolkapitalistischen Ländern nicht mehr in der traditionellen Weise durch die Abwesenheit revolutionären Bewußtseins zu erklären, so daß die Entwicklung vom »An sich« zum »Für sich« in der gegebenen Situation die Aufgabe der revolutionären Partei oder ihrer Avantgarde wäre. Entwicklung revolutionären Bewußtseins ist eine Dimension des gesellschaftlichen Seins. Die Integrierung der Arbeiterklasse vollzieht sich heute auf der vom Monopolkapitalismus geschaffenen *materiellen Basis.* Es ist diese Basis, die die Arbeiterklasse verändert hat, und zwar nicht nur in ihrem Bewußtsein. Und es ist das gesellschaftliche Sein, das im Spätkapitalismus die Veränderung des Bewußtseins *blockiert.* Vom Laissez-faire zum Monopolkapitalismus *bleibt die Grundtendenz herrschend,* bleibt die Arbeiterklasse das gesellschaftliche Subjekt der radikalen Veränderung; *aber* diese Klasse ist nicht mehr das Marxsche *Proletariat*, und die Motive und Ziele der radikalen Praxis sind nicht mehr die der früheren Periode.

Die Arbeiterklasse bleibt gesellschaftliches Subjekt der Veränderung, solange die materielle Reproduktion des Ganzen von ihr abhängt, solange auch die die Produktion kontrollierende herrschende Klasse auf sie angewiesen ist, und solange der Produktionsprozeß auch Reproduktion ihrer *Ausbeutung* ist. Aber innerhalb dieser Herrschaftsstruktur (und durch die Entfaltung der kapitalistischen Produktion selbst verursacht) wandeln sich die soziale Zusammensetzung, die Verwendung der Arbeitskraft und die Bedürfnisse der Klasse, und zwar so, daß diese Transformationen geschichtlich neue Möglichkeiten und Ziele des Übergangs zum Sozialismus und des Sozialismus selbst anzeigen.

Ich erwähne hier nur einen Aspekt der Transformation der Grundlage möglicher Revolution in den höchstentwickelten Industrieländern: die verbreiterte Basis der Ausbeutung und ihre unmittelbaren Folgen:[2] Der wachsende Anteil von *white collar* und intellektueller Arbeit im Produktionsprozeß und die wachsende Produktion von Dienstleistungen (zunehmende Ausdehnung des tertiären Sektors der Ökonomie) haben zu einer Einbeziehung großer Schichten der Mittelklassen in die Arbeiterklasse geführt.[3] Diese Tendenz hat sich nicht als »Proletarisierung« ausgewirkt. Die immer intensivere Anwendung der Technik und Wissenschaft auf die Produktivität der Arbeit hat die Warenwelt extrem vergrößert und die Erzeugung immer neuer Bedürfnisse und ihrer (erzwungenen) Befriedigung ermöglicht – zu Lasten einer großen Anzahl von Unterprivilegierten in den abhängigen Ländern entwickelte sich ein relativ hoher Lebensstandard für die Majorität in den Metropolen. Das Resultat war und ist: Verbürgerlichung; Vorherrschaft systemimmanenter Bedürfnisse und Aspirationen; Reproduktion des Bestehenden durch die Beherrschten unter zunehmend effektiverer Kontrolle in allen Dimensionen der Existenz sowie Konzentration der Gewalt in dem herrschenden Machtapparat.

Diese Konstellation charakterisiert die präventiv-gegenrevolutionäre Stabilisierung des Spätkapitalismus:

– Befriedigung und Steuerung der Bedürfnisse, die die kapitalistische Produktionsweise weitertreiben (erzwungene *servitude volontaire*); Gleichschaltung der intellektuellen mit der materi-

ellen Kultur durch die Proliferation von System-Wissenschaften; Philosophien, die sich die kritische Transzendierung der Begrifflichkeit verbieten;
- Pseudo-Demokratisierung in der Konsumsphäre bei gleichzeitiger Stärkung und Ausdehnung der Exekutivgewalt;
- internationale Mobilisierung des Großkapitals für die Sicherung der Ausbeutung und die Eindämmung oder Unterdrükkung der Revolte.

So organisiert der Spätkapitalismus eine globale Gesellschaft, in der wirkliche und gesteuerte Bedürfnisbefriedigung, Freiheit und Unterwerfung, Demokratie und Terror zu einer antagonistischen Totalität zusammengezwungen werden – eine Totalität, in der die radikale Opposition verstreut-minoritär und von ihrer traditionellen Basis isoliert ist. Es ist dies der Spätkapitalismus in der Phase der präventiven Gegenrevolution.

Die Organisierung der präventiven Gegenrevolution beginnt mit dem Faschismus in Europa:
- terroristische Unterdrückung der Opposition;
  Liquidierung einer ganzen Generation revolutionärer Vertreter der Arbeiterklasse;
- zentralisierte Organisierung der Wirtschaft für die Restauration und Expansion des Großkapitals bei gleichzeitiger Delegierung der ökonomischen Souveränität an den faschistischen Machtapparat;
- Transformation der ausgebeuteten Klassen in gleichgeschaltete Massen als privilegierte Bevölkerung gegenüber den geopferten »Fremdgruppen«.

Nach dem Zweiten Weltkrieg wird die Organisierung der Gegenrevolution weitgehend revidiert:
- internationale Reorganisation des Kapitalismus unter amerikanischer Hegemonie;
- Aufteilung der Welt in Kooperation mit der Sowjetunion;
- Auffangen radikaler Freiheitsbewegungen in der Dritten Welt: Integrierung in den kapitalistischen oder sowjetischen Bereich;
- militärische, ökonomische, technische Intervention der USA im Ausland; Export von Kapital und Produktion;
- Perfektionierung eines allumfassenden Kontroll- und Informationsapparats; Unterwerfung der Bevölkerung unter die destruktive Produktivität des Systems, aber weitgehende Bedürfnisbefriedigung und Reproduktion systemerhaltender Bedürf-

nisse in den Individuen, die Terror vorläufig unnötig machen.

Theorie und Praxis sind mit der Notwendigkeit konfrontiert, diese integrierte und integrierende Totalität aufzusprengen und das in dieser Gesellschaft enthaltene und verwaltete revolutionäre Potential freizusetzen. Dabei kann sich die Theorie in ihrem Ansatz nicht auf eine gegebene revolutionäre Praxis und nicht auf »Massen« stützen: Isolierung der Praxis und Steuerung der Massen (bis zur Gleichschaltung) sind (wie wir zu zeigen versuchen werden) die Folge *und* die Bedingung der kapitalistischen Produktionsweise selbst, nicht nur ein sekundäres Phänomen. Dadurch wird die Spannung zwischen Theorie und Praxis stärker als die der Theorie je schon inhärente: die traditionelle Verbundenheit mit den Massen, wie sie in der vorfaschistischen Periode bestand, ist in diesem Stadium des Spätkapitalismus »suspendiert«.

Die marxistische Interpretation dieser Isolierung der Theorie von ihrer Massenbasis ist nach wie vor erschwert durch die weit verbreitete Verdinglichung der Begriffe von den subjektiven und objektiven Bedingungen der Veränderung, besonders des Begriffs der Arbeiterklasse. Es scheint, daß die elfte *Feuerbach-These* selbst der verdinglichten Interpretation zum Opfer gefallen ist – als ob es eine historische Sequenz gäbe: erst, bis zu einem bestimmten Stadium der Entwicklung, philosophische Interpretation der Welt, dann Veränderung. Aber die kritische Philosophie bleibt Element der Veränderung (wie bei Marx selbst), und zwar ein um so stärkeres Element, je mehr die gesellschaftliche Entwicklung, vom Übergang zum Sozialismus her gesehen, *regressiv* ist. Zugleich ist diese regressive Entwicklung der Boden, auf dem die neuen Möglichkeiten des Übergangs und die neuen Ziele der Praxis erscheinen. Was in der vormonopolistischen Marxschen Theorie noch als Utopie oder Ideologie verdrängt werden konnte, muß jetzt in die Theorie hineingenommen werden. Da aber diese qualitativ differenten Formen des Übergangs heute in der Gesellschaft nur als marginal-minoritäre oder »elitäre« Verhaltensweisen auftreten, verschärft ihre Eingliederung in die Theorie deren abstrakten Charakter. Gleichzeitig bleibt, gerade auf dem Grunde dieser Abstraktion, die Theorie offen für die Möglichkeit, daß sich in der Praxis selbst bisher nicht entfaltete Aspekte und Elemente der Theorie zeigen, deren Entfaltung die Theorie wieder zum Leitfaden der Praxis machen würde.

Der Spätkapitalismus hat die Beziehung zwischen Basis und Überbau verändert, allerdings nicht in Richtung auf ein »Ende der Ideologie«, sondern, im Gegenteil, im Hinblick auf eine Institutionalisierung, »Verkörperung« der Ideologie im alltäglichen Verhalten, im Funktionieren der Gesellschaft und der Individuen. Der überwältigende Warenreichtum, die gesteuerte Produktivität der Arbeit und die gesteuerte Bedürfnisbefriedigung mobilisieren nicht nur das Bewußtsein, sondern auch die Triebstruktur für die Reproduktion des Bestehenden innerhalb und außerhalb der Arbeitswelt. Die repressive Vergesellschaftung des Bewußtseins und der Triebstruktur ist heute ein Teil des *materiellen Reproduktionsprozesses.*

Aber derselbe Prozeß, der durch das aufoktroyierte System der Bedürfnisse die Ausgebeuteten mit dem System der Ausbeutung integriert, ist auch einer Dynamik unterworfen, die diese Totalität zu sprengen droht. Die inneren Widersprüche des Kapitalismus erscheinen verschärft in Tendenzen, die die Stabilisierung unterminieren und zugleich die alle traditionellen Begriffe übersteigenden Möglichkeiten der Befreiung sichtbar machen. Sie stellen eine der ökonomisch-politischen Entwicklungsstufe entsprechende Variante der klassischen Zusammenbruchstheorie dar.

Die Saturierung des Marktes in den Metropolen und die Notwendigkeit weiterer Akkumulation zwingen den Kapitalismus, auf erweiterter Stufenleiter Waren und Dienste zu produzieren, die über die vitalen materiellen und kulturellen Bedürfnisse hinausgehende »Luxusgüter« darstellen, ohne daß die Armut und Misere außerhalb der privilegierten, zahlungsfähigen Bevölkerung auch nur reduziert würde. Das heißt aber, daß im gesellschaftlichen Maßstab die zur Reproduktion der Arbeitskraft notwendige Arbeitszeit immer kürzer wird (Schein der Freiheit), ohne daß das Gesamtquantum an abhängiger Arbeit reduziert würde: sie bleibt »full-time«-Beschäftigung, Lebensinhalt. Die Erfahrung verschwendeter, unnötiger Arbeitszeit (produktiv und notwendig nur für die kapitalistische Produktionsweise) läßt sich immer schwerer unterdrücken: sie stimuliert das Bedürfnis nach dem »Reich der Freiheit«, das in der spätkapitalistischen Warenwelt dauernd produziert und negiert wird.

Der Kapitalismus erzeugt stetig Bedürfnisse, die er nicht erfüllen kann, vor allem das Bedürfnis nach Abschaffung der ausgebeuteten Arbeit als Lebensform. Denn der Kapitalismus ist *abhängig* von der Reproduktion und der *Intensivierung* der ausgebeuteten Arbeit: die Luxusgüter, das kapitalistische Reich der Befriedigung und der Lust, sind *Waren*, die gekauft und verkauft werden müssen: Tauschwerte. So transformiert der Kapitalismus das Reich der *Freiheit* (das er selbst provoziert und erscheinen läßt) in ein Reich seiner *Notwendigkeit:* die Produktion von Überfluß, von Schönheit, Erfüllung; die Arbeit für Luxusgüter wird zur gesellschaftlich notwendigen, unmenschlichen Arbeit, der Ziel und Ende versagt sind.

Das ist die spätkapitalistische Form des Grundwiderspruchs zwischen den Produktivkräften und den Produktionsverhältnissen; es ist auch das Schema der *révolution impossible:* »unmöglich«, wo sie nicht im materiellen Elend gegründet wäre, sondern in der Gesellschaft im Überfluß. Es wäre die Revolution in einer Phase des Kapitalismus, in der die Produktionsbedingungen, die die Kargheit und Repression transzendierenden, qualitativ anderen Bedürfnisse zu vitalen materiellen und intellektuellen Bedürfnissen machen.

Mit der Möglichkeit der Revolution als »qualitativem Sprung« erscheint die dem Historischen Materialismus eigene Dialektik – der Kern von Idealismus, den er von Anfang an enthielt. Die Bestimmung des Bewußtseins durch das gesellschaftliche Sein ändert sich: auf dem Grunde einer auf die Abschaffung der Not und Ausbeutung gerichteten Ökonomie bestimmte das emanzipierte Bewußtsein das gesellschaftliche Sein, und zwar nicht primär als funktionale Intelligenz, als technisch-wissenschaftliche Vernunft, sondern als Entwurf von realen Möglichkeiten des gesellschaftlichen Seins. Dies ist die konkrete Utopie der solidarischen Arbeit an der Befriedung des Lebens und der Lebenswelt – eine Utopie, ohne die die Marxsche Theorie nicht zum Leitfaden sozialistischer Praxis werden kann.

Solcher Umschlag des Historischen Materialismus in gesellschaftlichen Idealismus – nicht des reinen Denkens, sondern der gesellschaftlichen Arbeit – ist in der Marxschen Theorie selbst angelegt. Ein geschichtlich neues Datum ist (mindestens seit den sechziger Jahren) die Erfahrung, daß dieser Begriff des qualitativen Umschlags nicht erst und nur die postrevolutionäre Entwicklung betrifft, sondern bereits unter dem Spätkapitalismus in die vorbereitende Praxis eingegliedert werden muß, wenn nicht die

Revolution wieder in eine quantitative Transformation absinken soll. Hier liegt der politische Stellenwert der moralischen und ästhetischen Forderungen und Experimente der Neuen Linken: Umweltschutz, Kommunen, Gemeinschaftsarbeit etc. Es sind dies *Vorgriffe* – ein späteres Stadium der Radikalisierung vorwegnehmend, daher weitgehend isoliert, deformiert, kooptierbar, leicht zu unterdrücken. Sie sind die späte Erscheinungsform der Trennung von intellektueller und körperlicher Arbeit (auch Ansatz zu ihrer Überwindung?). Innerhalb der Arbeitsteilung erscheinen diese Formen der Gegenkultur als ideologische, moralisierende, ästhetisierende, elitäre Weisen der Revolte. Als solche freilich antizipieren sie, in der Praxis, Weisen nicht-entfremdeter Arbeit, solidarischer menschlicher Beziehungen und eine der Tauschgesellschaft sich entziehende Erfahrung des Körpers und seiner Umwelt: Erfahrung und Umgang mit der Materie jenseits ihrer Warenform, jenseits ihrer Existenz als Objekte. Der Zusammenhang von Warenform und Denkform ist damit gelockert[5], und ein Menschen und Dinge in neuer Weise erfahrendes Bewußtsein kann zum materiellen Faktor radikaler Veränderung werden – auf der von den Desintegrationstendenzen des Spätkapitalismus geschaffenen Basis.

Diese Tendenz zu einer neuen oder erweiterten Motivationsgrundlage für Revolution erscheint in einer geschichtlichen Phase, in welcher der Spätkapitalismus in seinen ökonomisch-politischen Fundamenten schwer erschüttert ist – sie konstituiert eine in ihrer Qualität und Ausbreitung neue Dimension der Krise.

Der zur Reproduktion des Spätkapitalismus erforderliche Wohlstand ist aufs äußerste bedroht:

- durch die dem System immanente *Inflation,* die die *Armut* wiederbringt[6] und den Klassenkampf verschärft (England, Italien, Frankreich);
- durch die Intensivierung der inter-kapitalistischen Konkurrenz und die zunehmenden Schwierigkeiten der Akkumulation;
- durch den Raubbau und Mangel an den zur Erhaltung des materiellen Wohlstands verbrauchten Rohstoffen und Energiequellen;
- durch die wachsende Machtstellung der diese Rohstoffe und Energie liefernden *Entwicklungsländer:* die Politisierung ihrer Ökonomie.

Dieser Aspekt bedarf einer kurzen Erörterung.

Es liegt nahe, den Schwerpunkt des revolutionären sozialistischen Potentials heute in der Dritten Welt zu erblicken, trotz der einer solchen Theorie widersprechenden faktischen Entwicklung.[7] Diese Entwicklung hat auch dort, wo revolutionäre Ansätze zum Zuge gekommen waren, sehr bald entweder zu blutiger Unterdrückung oder zum Abbau sozialistischer Errungenschaften geführt. In den ökonomisch-politisch stärksten Entwicklungsländern geht die Tendenz auf eine Angleichung und Anpassung an die Interessen des Kapitalismus (Ägypten, Iran, Saudi-Arabien, Lateinamerika). Die globale Ausbreitung des Spätkapitalismus hat jedenfalls in der Dritten Welt noch nicht ihre unüberschreitbare Schranke gefunden: Gegenschläge (wie die von einigen Entwicklungsländern vorgenommene Verteuerung oder Rationierung von für den Kapitalismus unentbehrlichen Rohstoffen) sind auf dem Wege einer Konzentration der Kapitalmacht (Petroleum – Chemische Industrie) und der multinationalen Gesellschaften bisher absorbiert worden, ja, man könnte von einem scheinbar rückläufigen Prozeß sprechen: frühere Kolonialländer investieren in zunehmendem Maße in den kapitalistischen Metropolen, partizipieren an ihrer Technologie, ihrer Finanz. Wenn die Petroleum produzierenden Länder der Dritten Welt heute über eine Macht verfügen, die ihnen eine entscheidende Rolle in der internationalen Politik und Ökonomie gibt, so spielen sie diese Rolle als *newcomers* in dem bestehenden Herrschaftssystem (Ost und West), nicht als dessen Gegner.

Die Integrierung der ehemals Kolonisierten und der Kolonisatoren geschieht nicht nur »von oben«, d. h. durch die in den Entwicklungsländern herrschende Klasse, sondern auch »von unten«: z. B. durch Einwanderer, die als Arbeiter in Kleinbetrieben, mit dem Kauf von kleinen Läden usw. anfangen und sich allmählich zu Eigentümern ansehnlicher Geschäfte emporarbeiten. Die große Masse der »Gastarbeiter« nimmt an diesem Prozeß zwar nicht teil und bleibt als »neues Proletariat« zurück; aber die sich durch diese Schicht ausbreitenden fremden Sprachen affizieren den tradierten hochkapitalistischen Alltag: die Kolonisatoren sind nicht mehr ganz zu Hause, nicht mehr »unter sich« im eigenen Lande.

Es wäre unsinnig, diesen Prozeß als eine Bedrohung des Kapitalismus *von außen* zu verstehen; er vollzieht sich innerhalb des kapitalistischen Weltbereichs. Entwicklungsländer können sich von diesem Bereich lösen, in den der kommunistischen Großmächte eintreten, einen autonomen Aufbau versuchen. Doch der heute die kritische Entwicklung des Kapitalismus treibende Widerspruch ist nicht der Konflikt mit dem kommunistischen Staatenblock oder der Dritten Welt; vielmehr erzwingt in der gegenwärtigen Phase der *innere* Widerspruch zwischen den Produktivkräften und Produktionsverhältnissen eine politische Ökonomie, die den (letzten Endes friedlich unlösbaren) Konflikt mit dem kommunistischen Bereich und der Dritten Welt suspendiert. Durch die Entente abgesichert, können antikapitalistische Gegenbewegungen und Regimes niedergeschlagen werden, sofern sie nicht bereits von der einheimischen Bourgeoisie zerschlagen worden sind. Gegen die Gefährdung »von außen« ist die internationale Konzentration des Kapitals und seine Expansion in schwächere Länder vorläufig geschützt; die Widersprüche spitzen sich *innerhalb* des hochkapitalistischen Bereichs zu.

Das Kapital konstituiert sich als globale antagonistische Einheit der Gegensätze, in die auch die ökonomisch privilegierten Entwicklungsländer eintreten. Dies ist ein Aspekt der Stabilisierung des Spätkapitalismus: die Konflikte zwischen (diesen) Entwicklungsländern und den Metropolen werden zu Konflikten innerhalb der kapitalistischen Welt – für die Entwicklungsländer mag auch das ein Fortschritt sein gegenüber den vorkapitalistischen Zuständen.

Die spätkapitalistische Form der Akkumulation und des Kapitalexports ist sicher kein neues Phänomen, aber sie hat heute den Punkt erreicht, an dem sie in zunehmendem Maße die Lage der Arbeiterklasse und die Ökonomie als Ganzes in den Metropolen, besonders in den Vereinigten Staaten, verschlechtert (Abwanderung von Betrieben, Einschränkung der Produktion in Regionen mit hohen Löhnen, Arbeitslosigkeit etc.). Die drohende Verarmung betrifft nicht nur (und vielleicht nicht einmal primär) den Teil der Arbeiterklasse, der durch seine Organisationen (Gewerkschaften und Parteien) noch widerstandsfähig ist, sondern auch weite Schichten der Mittelklassen ohne politische und ökonomische Organisation. Gleichzeitig droht die Verarmung im Rahmen eines Systems, das das Bedürfnis der Befreiung nicht nur von der materiellen Not, sondern auch von der die Not reproduzierenden Produktivität, Leistungssklaverei, Triebunterdrückung, Naturbeherrschung aktiviert. Als Alternative erscheint die Möglichkeit einer radikal anderen Lebensform, die schwer in das traditionelle Schema des Übergangs zum Sozialismus und des Sozialismus selbst zu passen scheint.

Die Revolte gegen den Spätkapitalismus tendiert zu einer *Totalisierung* der ökonomisch-politischen Forderungen, zu einer gründlichen Umwertung der Werte: ihr Ziel wäre die Entwicklung des Sozialismus als Fortschritt von der entfremdeten zur schöpferischen Arbeit,

- von der Naturbeherrschung zur Kooperation,
- von der Repression zur Emanzipation der Sinne,
- von der ausbeutenden zur solidarischen Vernunft.

Aufgabe der Theorie wäre es, diese Möglichkeiten von ihrem utopischen Schleier zu befreien und sie als mögliche Praxis zu definieren.

Heute hat die Praxis der radikalen Veränderung in sich selbst ein antiautoritäres, libertäres Element: den *spontanen*, subjektiven Ausdruck der Revolte, die die traditionellen Formen der Praxis *als der Größe der Veränderung nicht mehr gemäß* in Frage stellt. Aber diese Spontaneität, Subjektivität bleibt *wirkungslos*, wenn sie nicht eigene neue Formen der *Organisation* findet.

Es ist unsinnig zu glauben, daß die hochorganisierte und konzentrierte Macht des Spätkapitalismus ohne eine Gegen-Organisation bekämpft werden kann. Es ist aber auch unsinnig, d. h. durch die faktische Entwicklung widerlegt, daß die *traditionellen*, zentralistisch-bürokratischen Organisationsformen einfach übernommen werden können; zum großen Teil haben sie sich selbst als Teil des Bestehenden definiert.

Solange das allgemeine Bedürfnis nach Befreiung, solange die rebellierende Allgemeinheit nur als fragmentierte existiert, solange die rebellierenden Gruppen durch keine einheitliche Front zusammengeschlossen sind, so lange wird die Organisation der verändernden Praxis selbst eine fragmentarische, dezentralisierte bleiben. Die jeweils verschiedene Struktur und Interessenlage der einzelnen Gruppen bringt es mit sich, daß die organisatorische Arbeit konzentriert ist auf die betreffenden Arbeitsstätten, Wohnbezirke, Schulen etc. Solche Konzentrierung der Aufklärung und Organisation könnte im günstigen Fall zum Ausscheren einzelner Produktions- und Distributionseinheiten (Fabriken, monopolistische Verkaufsbetriebe, Forschungsinstitute, Transportunternehmen) aus dem System führen, zum Entstehen und zur Ausbreitung funktionierender Selbstverwaltung und, schließlich, zu einer Funktionsunfähigkeit des Systems selbst. Gerade die Dichtheit der technisch-wirtschaftlichen Integration, die wechselseitige Abhängigkeit der Produktions- und Distributionseinheiten verleihen jedem größeren Einzelbetrieb ein hohes Potential der *Des*integration. Der Spätkapitalismus trägt die Keime eines solchen dezentralisierten Verfalls in sich.

Aus der Not eine Tugend machen: Das Fehlen einer Massenbasis für eine radikale Massenpartei (in den USA) und der reformistische Charakter der europäischen Massenparteien fragmentieren die Bewegung – gleichzeitig aber ermöglicht, ja erzwingt diese Konstellation den Aufbau und Ausbau von wirklichen Basisgruppen, die im Laufe der Entwicklung zu Stützpunkten der Vereinigung auf nationaler Stufenleiter werden könnten. Eine solche Organisation, die nicht nur Fabriken, sondern auch Wohnbezirke, Campusse etc. aktivierte, entspräche einem nicht-verdinglichten Begriff der Arbeiterklasse, d. h. sie setzte in der Praxis voraus, daß breite Schichten der Mittelklassen und der Intelligenz als potentielle Kräfte der Veränderung anerkannt werden. Diese Anerkennung ist immer noch erschwert, wenn nicht gar geradezu denunziert bei vielen minoritären Gruppen der Neuen Linken.

Die sich im Spätkapitalismus verschärfende Spannung zwischen Theorie und Praxis und die Orientierung an einem überholten, verdinglichten Begriff der Arbeiterklasse haben auf der Linken zu einem fatalen Antiintellektualismus geführt, zu einer masochistischen Selbstabdankung der Intellektuellen. Dieser Antiintellektualismus funktioniert wirksam im Interesse des Establishment: er ist eine der vielen Formen der Stabilisierung und Besänftigung des Bewußtseins, der resistenten Autoritätsgläubigkeit, der Abschottung gegenüber den neuen Möglichkeiten der Praxis – ein systematisch gezüchteter Minderwertigkeitskomplex. Und er ist fatal, weil gerade in dieser Periode der vorbereitende, minoritäre Charakter der radikalen Bewegung und die neuen Formen der Praxis immer dringender der autonomen (d. h. undogmatischen) kritischen Analyse bedürfen.

Je überwältigender die Macht des Herrschaftsapparats, je effektiver seine Reproduktion im Bewußtsein und in der Triebstruktur der Beherrschten ist, desto wichtiger wird die aufklärende und erziehende intellektuelle Praxis. Sie ist heute noch das Privileg einer Elite; aber gerade die privilegierte Position der Intellektuellen kann zum Ursprung radikaler Praxis werden. Das Privileg, von dem ich hier rede, ist eines des Lernens und Wissens; und es kann sehr wohl in den Dienst der Veränderung gestellt werden. Die Erschließung der Begriffswelt, die das Bestehende in seiner Struktur und den Horizont seiner Wandlung sichtbar macht, ist heute mehr denn je Voraussetzung der Veränderung, da die theoretische Arbeit die Kritik auch an den verdinglichten und fetischisierten marxistischen Begriffen erfordert. Diese Arbeit transzendiert die besondere Klassenlage und das besondere »Feld« des Intellektuellen: die autonome, an der Sache selbst orientierte theoretische Arbeit tendiert auf *jedem* Feld dazu, politisch zu werden, das Bestehende anzuklagen.

In revolutionären und gegenrevolutionären Perioden ist die bedeutsame Rolle der Intelligenz unverkennbar, aber gegenüber der totalisierenden Tendenz spätkapitalistischer Herrschaft gewinnt sie ein durchaus besonderes Gewicht. Wenn die Ideologie selbst, die Vernunft selbst zu Herrschaftsmitteln werden, die von den Individuen reproduziert werden, dann ist die Notwendigkeit einer *Gegen*-Psychologie, *Gegen*-Soziologie, *Gegen*-Vernunft, *Gegen*-Erziehung gegeben. D. h. im Widerspruch zur kapitalistischen Verschmelzung von intellektueller und materieller Kultur, von Vernunft und Ideologie gilt nun die Parole der Befreiung der intellektuellen Arbeit für ihre eigene Autonomie: *Intelligenz im Widerspruch*.

Diese nur an der Sache selbst orientierte Autonomie kann nicht die Weltanschauung, die Sprache, die unmittelbaren Bedürfnisse einer *besonderen* Klasse oder der »Massen« als verbindliches Medium der Kommunikation, als vorgegebene Kriterien der Analyse *akzeptieren*.

Vorgegeben sind allein die bestehende Gesellschaft und die in ihr demonstrierbaren Tendenzen. Die kritische Analyse dieser Totalität kann auch vor der Arbeiterklasse nicht haltmachen; diese genießt keine »theoretische Immunität«.

Wenn die Linke heute dazu neigt, vom »Volk« oder von den »Massen« eher als von der Arbeiterklasse zu sprechen (z. B. »Power to the People«, »Volkskrieg in den USA«), dann setzt sich darin die Einsicht durch, daß das potentielle Subjekt der Veränderung im Spätkapitalismus über die »blue collar«-Arbeiterklasse hinaus weite Schichten der abhängigen Bevölkerung umfaßt. Aber diese Massen sind eine antagonistische Einheit: gespalten in die organisierte Arbeiterklasse und die nicht im materiellen Produktionsprozeß beschäftigte, von der Kapitalherrschaft abhängige Bevölkerung. Die aufklärende Politisierung der letzteren ist heute von besonderer Dringlichkeit, da es noch nicht um die sozialistische Revolution geht, um revolutionäre Praxis, sondern um deren Vorbereitung, um die Entwicklung des Bewußtseins für das Eintreten einer revolutionären Situation – die auch das des Neofaschismus markieren könnte. Die praktische politische Aufklärung hat die (gewiß nicht neue) Aufgabe, die ausgesprochene Feindseligkeit der großen Mehrheit des Volkes gegenüber der Revolution wenigstens in Neutralität, bestenfalls in (passive) Sympathie zu verwandeln. Denn die Marxsche Konzeption gilt: auch im Spätkapitalismus muß die Revolution in der *Mehrheit* der Bevölkerung ihre Stütze haben.

Im gegenwärtigen Stadium kann die vorbereitende Praxis an die konkrete Erfahrung der Menschen aus allen Schichten der abhängigen Bevölkerung anknüpfen: die unmittelbare Begegnung mit dem Kapital findet täglich statt. Ausbeutung, Betrug, Unterdrükkung werden nicht nur in der Fabrik, im Büro, sondern auch im Supermarkt, im Wohnblock, beim Erwerb von Kleidung etc. erlebt. Und tägliche Erfahrung ist das verbrecherische Spiel mit Verschwendung und Armut, das die Herrschenden treiben.

Die vorbereitende politische Praxis kann durchaus die von Individuen und Gruppen aus allen Schichten der Bevölkerung sein. Der Spätkapitalismus schafft durch die Totalisierung seiner vertikalen Hierarchie (Herrschende – Beherrschte) eine horizontale Gemeinsamkeit (Allgemeinheit) unter den Beherrschten, trotz und im Zusammenhang der gegensätzlichen (unmittelbaren) Interessen. Es ist das Bewußtsein dieser »allgemeinen Klasse«, das zur radikal verändernden Kraft werden kann – oder zur Kraft, die sie verhindert.

Die These von der Entwicklung des Klassenbewußtseins *»von außen«* hat ihre eigene Dialektik; sie ist im integrierten und integrierenden Spätkapitalismus wichtiger als je zuvor. Aber das »Außen« ist nun nicht mehr auf ein bestimmtes Klassenbewußtsein bezogen (das des Proletariats), sondern auf das Ganze der abhängigen, unterdrückten Bevölkerung. Das heißt nicht Ausgleichung, sondern extreme Zuspitzung der Klassengesellschaft: der Klassengegensatz zwischen Lohnarbeit und Kapital erscheint als Bestandteil des allgemeineren Gegensatzes zwischen der kapitalabhängigen Bevölkerung und dem Kapital. Auch dies ist ein Aspekt der Totalisierung des radikalen Potentials – das Gegenstück der spätkapitalistischen Totalisierung. Diese ist die herrschende, und solange sie es ist, wäre die radikale Antithese ihre Zerstörung »von innen«, die Verselbständigung ihrer Teile.

Ich habe die dieser Tendenz entsprechenden möglichen Organisationsformen oben ganz kurz skizziert. Die Schaffung einer starken örtlichen und regionalen Basis könnte zur solidarischen Selbstverwaltung der betreffenden Institutionen und Gemeinschaften fortschreiten, die notwendige Koordinierung auf erweiterter Stufenleiter versuchen und die Dringlichkeit gemeinsamer Aktion bewußtmachen. Aber genauso wie der Begriff der »Massen« bleibt auch der der »Selbstverwaltung« und »Solidarität« abstrakt und verdinglicht, wenn er nicht im Hinblick auf die Konstellation im Spätkapitalismus konkretisiert wird. »Selbstverwaltung« wird zur revolutionären Organisation erst dann, wenn die Verwaltenden selber revolutionär, d. h. wenn ihre Bedürfnisse und ihr Bewußtsein das System transzendierende Elemente enthalten; andernfalls sind die sich selbst verwaltenden Gemeinschaften kaum mehr als Experimente im Rahmen des Bestehenden: Momente einer Pseudo-Demokratisierung; kein »qualitativer Sprung« in den Sozialismus. Solidarität kann revolutionär nur werden, wenn sie vor aller notwendigen Organisation und Artikulation in einem Bewußtsein und in einer Triebstruktur gründet, die den »qualitativen Sprung« gebieten, d. h., die nicht mehr den destruktiven Bedürfnissen des kapitalistischen Marktes und seiner Kultur verfallen und die deshalb frei geworden sind für den Aufbau einer Gesellschaft, in der das Bedürfnis der Lust am befriedeten Leben und seiner befriedeten Umwelt in den gesellschaftlichen Produktionsprozeß selbst eingeht. Ein solches Bewußtsein und eine solche Triebstruktur haben sich 1968 als politische Kraft manifestiert. Obschon seither unterdrückt, bleibt sie, als unterdrückte, gleichwohl eine von der Dynamik des Spätkapitalismus ausgelöste radikale Potenz.

Anmerkungen

1 Vortrag, gehalten in Frankfurt am Main am 28. Juni 1974; revidierte und erweiterte Fassung.

2 Aus der beinahe schon unübersehbaren Literatur verweise ich hier auf:
Stanley Aronowitz, *False Promises. The Shaping of American Workingclass Consciousness* (New York, McGraw Hill, 1973);
Daniel Bell, *The Coming of Post-Industrial Society* (New York, Basic Books, 1971);
Norman Birnbaum, *The Crisis of Industrial Society* (New York, Oxford Un. Press, 1969);
Harry Braverman, *Labor and Monopoly Capital. The Degradation of Work in the Twentieth Centruy.* (New York, Monthly Review, 1974);
Joseph M. Gillman, *Prosperity in Crisis* (Marzani and Munsell, 1965);
Seymour Melman, *Pentagon Capitalism* (New York, McGraw Hill, 1970);
Work in America. Report to the Secretary of Health, Education and Welfare (Cambridge, MIT Press, 1972).

3 Die folgenden Statistiken zitiert nach Daniel Bell (p. 131, 133), und *Work in America* (pp. 21-22).
Lohn- und Gehaltsempfänger
um 1850: weniger als 50% der Beschäftigten
um 1950: weniger als 80% der Beschäftigten
um 1970: weniger als 90% der Beschäftigten.
Die Zahl der »self employed« fiel von 18% im Jahr 1950 auf 9% im Jahr 1970.
Ungleiches Wachstum der Beschäftigten (in Millionen) in

der Produktion von Gütern	*1947*	*1968*	*1980*	*(Schätzung)*
(einschließlich Landwirtschaft)	*26,3*	*28,9*	*31,6*	*(Schätzung)*
von Dienstleistungen	*25,4*	*51,8*	*67,9*	*(Schätzung)*

In der Fabrikation
1970 31% white collar
1975 34,5% white collar
Innerhalb der blue-collar-Gruppe: Tendenz der Beschäftigung von »production jobs« zu »non-production jobs«: Reparaturen, »maintenance«, etc.

4 Zum folgenden siehe *Konterrevolution und Revolte* (Frankfurt 1973), p. 25 ff.

5 Siehe hierzu Alfred Sohn-Rethel, *Geistige und körperliche Arbeit*, Frankfurt 1972.

6 1973: 1,3 Millionen *mehr Arme* in den USA (Bureau of Statistics, quoted in: *Süddeutsche Zeitung*, 6./7. Juli 1974), d. h. 23 Millionen unter der Armutsgrenze von $ 4,500 für eine vierköpfige Familie. Vgl. Harry Braverman, *Labor and Monopoly Capital*, in: *Monthly Review*, July–August 1974, p. 119 ff.; 132 f.

7 Siehe hierzu Bill Warren, *Imperialism and Capitalist Integration*, in *New Left Review* 81 (1973), und Arghiri Emmanuel, *Mythos of Development versus Mythos of Underdevelopment*, *ibid.* 85 (1974).

Scheitern der Neuen Linken?[1]

Bevor man darüber diskutiert, worin das Scheitern der Neuen Linken besteht, muß man sich zwei Fragen stellen: erstens, wer und was diese Neue Linke ist, zweitens, ob sie in der Tat gescheitert ist.

Zunächst einige Anmerkungen zum ersten Punkt. Die Neue Linke besteht aus politischen Gruppen, die links von den traditionellen Kommunistischen Parteien angesiedelt sind; sie besitzen noch keine neuen Organisationsformen, sind zudem ohne Massenbasis und, besonders in den USA, von der Arbeiterklasse isoliert. Die stark libertär-antiautoritären Momente, die die Neue Linke ursprünglich bestimmten, haben sich inzwischen verwischt oder sind gar einem neuen Gruppen-Autoritarismus gewichen. Gleichwohl: Was diese Bewegung im wesentlichen auszeichnet und charakterisiert, ist die Tatsache, daß sie den *Begriff der Revolution neu definiert* hat, indem sie ihn in Beziehung setzte zu neuen Freiheitsmöglichkeiten, zu neuen Potentialen einer sozialistischen Entwicklung, die durch den entfalteten Kapitalismus hervorgebracht (und zugleich sistiert) worden sind. Auf diese Weise haben sich neue Dimensionen von gesellschaftlicher Veränderung ergeben. Veränderung wird jetzt nicht mehr nur begriffen als ökonomische und politische Umwälzung, d. h. als Etablierung einer anderen Produktionsweise und neuer Institutionen, sondern auch und in erster Linie als Umsturz des herrschenden Systems von Bedürfnissen und deren Befriedigungsmöglichkeiten.

Diese Vorstellung von Revolution war von Beginn an Bestandteil der Marxschen Theorie: Sozialismus ist eine *qualitativ* andere Gesellschaft, eine Gesellschaft, in der sowohl die Beziehungen der Menschen untereinander als auch die zwischen Mensch und Natur von Grund auf revolutioniert werden. Unter dem Druck der ökonomischen Macht des Kapitalismus jedoch und unter dem Zwang zur Koexistenz schienen die sozialistischen Länder nachgerade dazu verdammt, die Entfaltung der Produktivkräfte, d. h. die Ausdehnung des produktiven Sektors in der Wirtschaft voran-

1 Erweiterter Text eines im April 1975 an der University of California, Irvine, gehaltenen Vortrags.

zutreiben, was zugleich die fortdauernde *Unterwerfung der Individuen unter die Bedingungen ihrer Arbeit* implizierte (eine Unterwerfung, die unter Umständen »demokratisch« sein und eine rationalere und effizientere Form der Produktion sowie gerechtere Verteilung der Güter bedeuten kann).

Überfluß an materiellen Gütern als Voraussetzung des Sozialismus heißt: Vertagung der revolutionären Transformation der Gesellschaft bis zum Sankt-Nimmerleins-Tag *oder* aber die undialektische Hoffnung, daß mit quantitativem Wachstum der Wirtschaft sich, gleichsam als Nebenprodukt, eine neue Qualität gesellschaftlichen Lebens herausbilden werde.

Das Auftreten der Neuen Linken in den Sechziger Jahren hat dieses Konzept von Sozialismus und die damit verbundene Strategie nachhaltig in Frage gestellt. In der Erfahrung des Widerspruchs zwischen der überwältigenden Produktivität des Monopolkapitalismus einerseits und der Ohnmacht des großen sozialistischen und kommunistischen Apparats, sie in die Produktivität der Revolution zu verwandeln, andererseits, verlagerte sich allmählich der Schwerpunkt der Revolte:

Die Bewegung mobilisierte und organisierte Kräfte, die in der Tradition marxistischer Theorie und Praxis bislang weitgehend vernachlässigt worden waren. Dies war der Versuch einer *Totalisierung* der Opposition – im Gegenzug gegen die Totalisierung der monopolkapitalistischen Repression und Ausbeutung. Je eindeutiger und breiter die Steuerung der Bedürfnisse durch den kapitalistischen Machtapparat wurde, desto unerläßlicher erschien die Umwälzung jener Bedürfnisse *in* den Individuen, die das Bestehende reproduzieren: Rebellion der menschlichen Existenz in der Sphäre der Produktion und in der der Reproduktion, in der Infrastruktur *und* im »Überbau«. Die Bewegung nahm von Anfang an die Gestalt einer »Kulturrevolution« an, in der außer politischen und ökonomischen Forderungen auch andere Wünsche und Hoffnungen laut wurden: das Interesse an einer neuen Moral, an einer menschenwürdigen Umwelt, an einer vollständigen »Emanzipation der Sinne« (Marx), d. h. an einer Befreiung der Sinne von dem Zwang, Menschen und Dinge als bloße Objekte von Tauschbeziehungen wahrzunehmen. »Die Phantasie an die Macht!«: Es ging um die Emanzipation der Einbildungskraft aus den Fesseln der funktionellen Vernunft. Gegen die Allianz von Realismus und Konformismus wurde die Losung ausgegeben: »Seien wir realistisch, verlangen wir das Unmögliche!« Daher rührte die starke ästhetische Komponente der Bewegung: Kunst galt als Produktivkraft der Befreiung, als Erfahrung einer anderen (normalerweise verdrängten) Wirklichkeit.

War all das Ausdruck von Romantizismus, gar Elitarismus? Keineswegs. Die Neue Linke war den »objektiven Bedingungen« *voraus*, indem sie Ziele und Inhalte artikulierte, die der entfaltete Kapitalismus möglich gemacht, aber bis dahin kanalisiert oder unterdrückt hatte. Diese Einsicht und dieses Konzept drückten sich auch in der Strategie aus: Es besteht eine innere Verbindung zwischen dem Kampf der Neuen Linken gegen überalterte Formen der Opposition und den in der Arbeiterklasse selbst sich durchsetzenden oppositionellen Tendenzen des Klassenkampfes: Autonomie versus autoritär-bürokratische Organisation; seit den Sechziger Jahren gewinnen Fabrikbesetzungen und Vorstellungen von Selbstverwaltung der Produktion und Distribution wieder an Bedeutung.

Wir kommen jetzt zum zweiten Punkt: zu der Frage, ob die Neue Linke tatsächlich gescheitert ist. Die Antwort muß auf verschiedenen Ebenen gegeben werden. Zum Teil wurde die Bewegung vom Establishment »vereinnahmt« oder offen unterdrückt; zum Teil »zerstörte« sie sich selbst dadurch, daß sie keine angemessenen Organisationsformen entwickelte, daß ein innerer Spaltungsprozeß um sich griff, der einherging mit Antiintellektualismus, einem politisch ohnmächtigen Anarchismus und narzißtischer Selbstüberschätzung.

Die Unterdrückung der Bewegung durch die herrschenden Machtstrukturen nahm vielfältige Formen an. Sie war gewaltsam, aber auch sozusagen »normal«: Perfekte wissenschaftliche Kontrollmöglichkeiten, »schwarze Listen«, Diskriminierung am Arbeitsplatz, ein Heer von Spitzeln und Informanten – das alles wurde als Repressionsinstrument eingesetzt, dessen erfolgreiche Anwendung dadurch erleichtert wurde, daß die Linke von der Bevölkerung weitgehend isoliert blieb. Diese Isolierung hat ihre Ursachen in der Sozialstruktur des entfalteten Monopolkapitalismus selbst, denn große Teile der Arbeiterklasse sind längst ins System integriert. Hinzu kommt die Dominanz antirevolutionär eingestellter Gewerkschaften und reformistischer Arbeiterparteien. Solche Tendenzen sind Ausdruck der relativen *Stabilität* des

Kapitalismus auf neokolonialistischer und neoimperialistischer Basis mit seiner überwältigenden Konzentration von ökonomischer und politischer Macht.

Angesichts der ungeheuren Machtzusammenballung, die die kapitalistische Totalität darstellt, mußte die Revolte gegen das System fast zwangsläufig von *minoritären Gruppen* getragen werden, die *außerhalb* oder am Rand des materiellen Produktionsprozesses stehen. So gesehen kann man tatsächlich von »privilegierten« Gruppen, von einer »Elite« oder gar »Avantgarde« sprechen. Andererseits waren es aber gerade jene »Privilegien« – die Distanz zum und die Nichtintegriertheit in den Produktionsprozeß –, die die Entwicklung eines radikalen politischen Bewußtseins vorantrieben, das die Erfahrung von Entfremdung zur Rebellion gegen die Obsoleszenz der bestehenden materiellen und intellektuellen Kultur motivierte.

Freilich kam die Revolte gerade deshalb nicht zur vollen Wirkung; die von der Neuen Linken geschaffenen »Gegenkulturen« zerstörten sich selbst, als sie ihre politische Stoßkraft einbüßten: durch Rückzug auf eine Art privater »Befreiung« (Drogenkultur, Hinwendung zum Guru-Kult und anderen pseudoreligiösen Sekten); durch einen abstrakten Antiautoritarismus plus Verachtung von Theorie als Praxisanleitung; durch Ritualisierung und Fetischisierung des Marxismus. Dies alles war Ausdruck einer vorzeitigen Resignation und Desillusionierung.

Das Insistieren der Neuen Linken auf der Subversion der Erfahrung, des individuellen Bewußtseins, auf einer radikalen Umwälzung des Systems der Bedürfnisse und Befriedigungen, kurz, das Beharren auf einer neuen *Subjektivität* verleiht der Psychologie eine entscheidende politische Bedeutung. Die gesellschaftliche Steuerung, die heute selbst das Unbewußte weitgehend für die Erhaltung des Bestehenden mobilisiert hat, rückt die Psychoanalyse wieder in den Vordergrund des Interesses. Nur die Auslösung verdrängter und unterdrückter Impulse kann das etablierte System der Bedürfnisse in den Individuen erschüttern und für die Bedürfnisse der Freiheit physiologisch und psychologisch Raum schaffen. Doch die bloße Aktualisierung von Impulsen kann diese Funktion nicht erfüllen: der Auslösungsprozeß muß zur Kritik, zur Selbstkritik der Bedürfnisse fortschreiten in Reaktion auf die gesellschaftlich gesteuerten und introjizierten Bedürfnisse, die der Befreiung widersprechen, während ihre Befriedigung die repressive Reproduktion der Tauschgesellschaft gewährleistet. Die kritische Analyse der Bedürfnisse konstituiert die spezifisch gesellschaftliche Dimension der Psychologie.

Ohne Zweifel hat die Psyche auch eine übergesellschaftliche oder vielmehr subgesellschaftliche Dimension, in der die instinktiven Bedürfnisse allen Gesellschaftsformen gemeinsam sind: die Dimension primärer Sexualität und Destruktion. In diesem Bereich wurzeln Konflikte, die auch in einer freien Gesellschaft bestehen werden: Eifersucht, unglückliche Liebe, Gewalttätigkeit sind nicht einfach auf das Schuldkonto der bürgerlichen Gesellschaft zu setzen; sie sind Ausdruck des der Libido inhärenten Widerspruchs zwischen Ubiquität und Ausschließlichkeit, zwischen Befriedigung im Wechsel und in der Treue. Doch selbst in dieser Dimension sind die Manifestationen der Triebe und die Weisen der Triebbefriedigung gesellschaftlich determiniert. Auch hier erscheint und wirkt das Allgemeine im Besonderen; allerdings ist das Allgemeine hier nicht das Gesellschaftliche, die Gesellschaft in den Individuen, sondern eher die primäre Triebstruktur in den gesellschaftlich determinierten Individuen.

Über dieser Dimension liegt das Feld der psychischen (und physischen) Konflikte und Störungen, die *spezifisch* gesellschaftlichen Charakters, d. h. in ihrer Substanz und in ihrer Erscheinungsform durch die bestehende Gesellschaft und deren eigentümliche Unterdrückungs- und Entsublimierungsmechanismen bedingt sind. Hierzu zählen viele der heute vielberedeten Schwierigkeiten in den Beziehungen zwischen den Geschlechtern, Generationen, in der Selbstbestimmung (»Identitätskrisen«) – viele Phänomene, die heute vorschnell als individuelle »Entfremdung« klassifiziert werden. In diesem psychischen Bereich sind die etablierte Gesellschaft und ihr Realitätsprinzip das Allgemeine, das Wesentliche in den besonderen Konflikten und Störungen, und die Therapie wäre Sache einer *politischen* Psychologie: Politisierung des Bewußtseins, des Unbewußten; Gegen-Politisierung des Über-Ich.

Der enge strukturelle Zusammenhang zwischen diesen beiden Bereichen verleitet leicht dazu, wichtige politische als private psychische Probleme zu interpretieren. Das Resultat ist: *Transferenz* des Politischen in die Privatsphäre und die ihrer Repräsentanten und Analytiker. (Der unorthodoxe Gebrauch des Begriffs »Transferenz« mag insofern gerechtfertigt sein, als in dieser

Übertragung eine Befriedigung verdrängter Impulse erfolgt: Verdrängung oder Verwandlung der radikalen politischen Impulse der »Gegenkulturen« nach ihrem angeblichen Scheitern; in dieser Verwandlung erhalten sie den Stellenwert infantiler Wünsche.)

In der Neuen Linken hat sich die Einsicht durchgesetzt, daß die »Tiefenpsychologie« ein entscheidender Faktor im Begriff der entfalteten monopolkapitalistischen Gesellschaft ist, deren Integrationsform hauptsächlich auf der Introjektion der sozialen Kontrollen durch die Individuen beruht, die so das herrschende System und ihre eigne Knechtschaft reproduzieren. Die gesellschaftliche Reproduktion wird weitgehend garantiert durch die systematische Steuerung von Triebbedürfnissen und Befriedigungen: durch die Kommerzialisierung der Sexualität (»repressive Entsublimierung«) und die zusätzliche Freisetzung primärer Aggressivität nicht nur in den imperialistischen Kriegen (das Massaker von My Lai usw.), sondern auch in der wachsenden Kriminalität und in der Brutalität des Alltags. Als politischer Therapie und Aufklärung entspricht der nicht-konformistischen Psychologie die politisierte Psyche. Der Privatisierung und dem konformistischen Betrieb der Psychologie stehen die Versuche einer *radikalen Therapie* gegenüber: Artikulierung der noch in der Tiefenschicht der individuellen Existenz wirkenden gesellschaftlichen Repression.

Zurück zur Neuen Linken. Ich meine, es sei trotz allem falsch, von ihrem »Scheitern« zu sprechen. Wie ich zu zeigen versuchte, wurzelt die Bewegung in der Struktur des entfalteten Kapitalismus selbst; sie kann sich zurückziehen, um sich neu zu formieren, sie kann aber auch Opfer einer neofaschistischen Repression werden.

Gleichwohl gibt es Anzeichen dafür, daß die »Botschaft« der Neuen Linken über ihre eigenen Kreise hinaus verbreitet und gehört worden ist. Das hat seine Gründe. Die Stabilität des Kapitalismus ist, und zwar in internationalem Ausmaß, erschüttert; das System enthüllt mehr und mehr seine Destruktivität und Irrationalität. Daher breitet sich auch der Protest aus, wenngleich vorerst weitgehend unorganisiert, diffus, unzusammenhängend und noch keineswegs mit deutlichen sozialistischen Intentionen. Unter den Arbeitern zeigt er sich etwa in Form von wilden Streiks, von Absentismus, von versteckter Sabotage oder als

Aufbegehren gegen die Gewerkschaftsführungen; er zeigt sich weiter im Kampf unterdrückter sozialer Minderheiten und, schließlich, in der Befreiungsbewegung der Frauen. Generell kann man sagen, daß es einen Verfall der »Arbeitsmoral« gibt, ein Mißtrauen gegen die Grundwerte der kapitalistischen Gesellschaft und ihre heuchlerische Moral, insgesamt einen Schwund an Vertrauen in die vom Kapitalismus gesetzten Prioritäten, Wertvorstellungen und Rangordnungen.

Dafür, daß die tiefsitzende soziale Unzufriedenheit, die ich soeben anzudeuten versuchte, gleichwohl unartikuliert, unorganisiert und auf kleine Gruppen beschränkt bleibt, gibt es einen sehr plausiblen Grund, nämlich den, daß die Masse der Bevölkerung jede *sozialistische Alternative* entweder mit dem Sowjetkommunismus oder mit einem vagen Utopismus gleichsetzt. Offenbar existiert eine verbreitete Angst vor einer möglichen radikalen Gesellschaftsveränderung, welche die traditionelle Lebensweise fundamental wandeln, die jahrhundertealte puritanische Moral und Entfremdung untergraben könnte – Werte, die lange Zeit anerkannt oder den Menschen aufgezwungen worden waren. Man brachte ihnen bei, daß lebenslange Plackerei und Unterdrücktsein unabdingbar, ja geradezu ein religiöses Gebot seien. Die *Unterwerfung* unter den sich stetig ausdehnenden Produktionsapparat wurde als *notwendige Vorbedingung von Fortschritt* angesehen.

Es mag sein, daß diese Unterdrückung lange Zeit hindurch wirklich notwendig war, um im Kampf gegen den ökonomischen Mangel erfolgreich zu sein und um die Mobilisierung der Arbeitskraft und die Beherrschung der Natur voranzutreiben – in der Tat führte ja der technische Fortschritt zu einem enormen Aufschwung in der Entfaltung der Produktivkräfte und zu immer größerem gesellschaftlichen Reichtum. Auf der anderen Seite aber wurden diese Errungenschaften immer brutaler dazu benutzt, den Mangel zu *perpetuieren,* die Unterdrückung *aufrechtzuerhalten,* die Natur zu vergewaltigen und die menschlichen Bedürfnisse zu manipulieren – dies alles mit dem einzigen Ziel, die herrschende Produktionsweise und die bestehende soziale Hierarchie zu bewahren bzw. ihre Basis zu erweitern.

Heute freilich ist offenkundig geworden, daß die Errungenschaften des Kapitalismus innerhalb dieses repressiven Rahmens nicht mehr fortexistieren können: Das System vermag sich nur noch weiterzuentwickeln, indem es, und zwar in internationalem Maßstab, die Produktivkräfte, ja sogar menschliches Leben selbst, zerstört. Man kann sagen, daß der Kapitalismus seine eigene Negation zum Prinzip erhoben hat.

Vor diesem Hintergrund können wir die historische Bedeutung der Neuen Linken besser verstehen. Die Sechziger Jahre markieren einen Wendepunkt in der Entwicklung des Kapitalismus (möglicherweise auch in der des Sozialismus); es war in der Tat die Neue Linke, die eine umfassende, wenn auch vergessene und unterdrückte Dimension radikaler gesellschaftlicher Veränderung wieder auf die Tagesordnung setzte; und es war die Neue Linke, die – obwohl in chaotischer und gewissermaßen unreifer Form – die Idee einer Revolution im 20. Jahrhundert als einer von allen vorausgegangenen Revolutionen spezifisch verschiedenen auf ihre Fahnen schrieb. Diese Revolution entspräche den vom Spätkapitalismus geschaffenen Bedingungen. Ihr Träger wäre eine erweiterte und in ihrem gesellschaftlichen Sein und Bewußtsein veränderte Arbeiterklasse, zu der große Schichten der früher unabhängigen Mittelklassen und der Intelligenz gehörten. Diese Revolution hätte ihren Antrieb und Ursprung nicht so sehr in materieller Verelendung als vielmehr im Aufbegehren gegen die menschenunwürdige Gestalt von Arbeit und Freizeit, gegen aufgezwungene Bedürfnisse und Befriedigung, gegen das Elend und den Wahnwitz der »Gesellschaft im Überfluß«. Gewiß, die spätkapitalistische Gesellschaft reproduziert auch materielle Verelendung und die rohesten Formen der Ausbeutung, und doch ist deutlich, daß die treibenden Kräfte einer radikalen Umwälzung sich in den hochentwickelten kapitalistischen Ländern nicht mehr vorwiegend aus dem »Proletariat« rekrutieren, und daß die Forderungen jetzt auf qualitativ andere Lebensformen und qualitativ andere Bedürfnisse zielen.

Die Neue Linke hat in ihren Forderungen und in ihrem Kampf die Rebellion gegen das Bestehende *totalisiert;* sie hat das Bewußtsein breiter Schichten der Bevölkerung verändert; sie hat gezeigt, daß ein Leben möglich ist ohne stupide und unproduktive Leistung, ein Leben ohne Angst, ohne jene puritanische »Arbeitsmoral« (die ja längst keine mehr ist, sondern eine reine Unterwerfungsmoral), ein Leben ohne belohnte Brutalität und Heuchelei, ein Leben endlich ohne die künstliche Schönheit und reale Häßlichkeit des kapitalistischen Systems. In anderen Worten: die Neue Linke hat das seit langem abstrakte Wissen konkretisiert, daß »Veränderung der Welt« nicht bedeutet, *ein* Herrschaftssystem durch ein *anderes* zu ersetzen, sondern den »Sprung« zu tun auf eine qualitativ neue Stufe der Zivilisation, auf der die Menschen ihre eigenen Bedürfnisse und Möglichkeiten solidarisch entfalten können.

Wie nun soll sich die Neue Linke auf eine solche radikale Transformation vorbereiten? (Aus Raumgründen kann ich hier nicht die Organisationsproblematik aufgreifen, sondern muß mich darauf beschränken, ein paar vorläufige allgemeine Erwägungen anzustellen.)

Als erstes müssen wir uns klar darüber werden, daß wir in einer Epoche der präventiven Konterrevolution leben. Der Kapitalismus ist bereit für den Bürgerkrieg und den imperialistischen Krieg. Angesichts der globalen Kontrollmaschinerie ist die Neue Linke – isoliert von der großen konservativen Masse der Bevölkerung – zunächst auf die Minimal-Strategie der Einheitsfront angewiesen: Zusammenarbeit von Studenten, militanten Arbeitern und links-liberalen (sogar unpolitischen) Personen und Gruppen. Eine solche Einheitsfront hätte die Aufgabe, Proteste gegen bestimmte, besonders brutale Aggressions- und Unterdrückungsaktionen des Regimes zu organisieren. Im allgemeinen scheint die herrschende Integration den Aufbau radikaler Massenparteien vorläufig auszuschließen; Schwerpunkt radikaler Organisation wären lokale und regionale Basen (in den Fabriken, Büros, Universitäten, Wohnvierteln); ihre Aufgabe bestünde darin, den Protest zu artikulieren und für konkrete Aktionen zu mobilisieren. Dabei handelte es sich nicht um Aktionen für den Übergang zum Sozialismus; nichts hat den marxistischen Gruppen in der Neuen Linken mehr geschadet als ihre Sprache verdinglichter und ritualisierter Propaganda, welche das revolutionäre Bewußtsein, das sie entwickeln sollte, schon voraussetzt. Der Übergang zum Sozialismus steht heute nicht auf der Tagesordnung, die Gegenrevolution dominiert. Unter diesen Umständen geht es um die Bekämpfung der schlimmsten Tendenzen. Der Kapitalismus entfaltet sich täglich in Taten und Tatsachen, die zum Ziel organisierten Protestes und politischer Aufklärung dienen könnten: Vorbereitung neuer Kriege und Interventionen, politische Morde und Mordversuche, brutale Verletzung der

Bürgerrechte, Rassismus, intensivierte Ausbeutung der Arbeitskraft. Der Kampf wird sich normalerweise vorerst in den Formen der bürgerlichen Demokratie abspielen (Wahl und Unterstützung liberaler Politiker, Verbreitung unterdrückter Information, Protest gegen Umweltzerstörung, Boykotts, etc.). Forderungen und Aktionen, die in anderen Situationen als reformistische, ökonomistische, bürgerlich-liberale Politik mit Recht verworfen wurden, können heute eine positive Bedeutung haben: Der Spätkapitalismus weist eine herabgesetzte Toleranzschwelle auf.

Die Erweiterung des potentiellen Trägers der Revolution entspricht der Totalisierung des revolutionären Potentials selbst. Ich habe darauf hingewiesen, daß die Neue Linke in ihrer »heroischen Periode« von der Überzeugung durchdrungen war, daß die Revolution im 20. Jahrhundert in Dimensionen vorstoßen würde, die alles hinter sich lassen, was uns aus vorangegangenen Revolutionen bekannt ist. Sie wird einerseits »Randgruppen« und bis jetzt noch unpolitisierte soziale Schichten mobilisieren; sie wird andererseits, neben einer ökonomischen und politischen, vor allem eine »kulturelle« Revolution sein. In diesem neuen Typus von Revolution drückt sich das vitale Bedürfnis aus, die Wertvorstellungen, die die Geschichte der Klassengesellschaft geprägt haben, umzuwälzen.

In diesem Zusammenhang könnte die Frauenbefreiungs-Bewegung gleichsam zur »dritten Kraft« der Revolution werden. Freilich ist klar, daß die Frauen keine eigene »Klasse« darstellen; sie gehören allen Gesellschaftsschichten an, und der Geschlechts-Gegensatz ist nicht klassenmäßig, sondern biologisch fundiert; gleichwohl entwickelt er sich in einem sozio-historischen Rahmen.

Die Geschichte der Zivilisation ist die Geschichte männlicher Herrschaft, des Patriarchats. Die Entfaltung der Frauen war bestimmt und eingeschränkt nicht nur durch die Erfordernisse der Sklavenhalter-, der feudalen und der bürgerlichen Gesellschaft, sondern ebenso durch die *spezifisch männlichen Bedürfnisse.* Man kann sagen, daß der Gegensatz männlich-weiblich sich zum Gegensatz maskulin-feminin fortentwickelte. Während die Frauen als Ausbeutungsobjekte und als Repräsentanten abstrakter Arbeit in zunehmendem Maße in den materiellen Produktionsprozeß eingegliedert wurden (ungleiche Gleichheit der Ausbeutung), sollten sie zugleich all jene Qualitäten der Befriedung,

Menschlichkeit, Hingabe verkörpern, die sich in der kapitalistischen Arbeitswelt nicht entfalten können, ohne deren repressiven Boden, vor allem das Funktionieren menschlicher Beziehungen nach den Gesetzen des Warentauschs, zu untergraben. Deshalb mußten die Domäne und die besondere »Aura« des Weiblichen vom Produktionsbereich strikt abgetrennt werden: »Weiblichkeit« galt fortan als eine Qualität, die nur innerhalb der vier Wände und in der sexuellen Sphäre ihr Recht hatte. Freilich blieb auch dieser gleichsam privatisierte Sektor Teil des männlichen Herrschaftsgefüges. Solche Aufspaltung und Zuteilung menschlicher Vermögen wurde schließlich regelrecht *institutionalisiert* und reproduzierte sich von Generation zu Generation. So kam es, daß antagonistische *gesellschaftliche* Bedingungen die Form eines »natürlichen« Gegensatzes annahmen: des Gegensatzes angeborener Qualitäten als Grundlage einer angeblich natürlichen Hierarchie, Dominanz des Männlichen über das Weibliche.

Heute, da Aggressivität und Brutalität der von Männern beherrschten Gesellschaft einen zerstörerischen Höhepunkt erreicht haben und nicht länger durch Entwicklung der Produktivkräfte und rationale Naturbeherrschung »kompensiert« werden können, nimmt innerhalb des Rahmens der bestehenden Gesellschaft der Aufstand der Frauen gegen die ihnen aufgezwungene Rolle notwendig die Gestalt einer *Negation* an: des Kampfes gegen die Männerherrschaft auf allen Ebenen der materiellen und intellektuellen Kultur.

Diese Negation ist freilich zunächst noch abstrakt und unvollständig, sie ist ein, allerdings unerläßlicher, erster Schritt zur Befreiung, keineswegs diese selbst. Bliebe der Befreiungsimpuls auf dieser Ebene stecken, so hieße das, die radikalen Potenzen der Bewegung beim Aufbau einer alternativen sozialistischen Gesellschaft unterdrücken – am Ende hätte man lediglich die Gleichheit von Herrschaft erreicht.

Das System selbst würde sich erst dann verändern, wenn der Widerspruch der Frauen gegen die Männerherrschaft an der *Basis* der Gesellschaft wirksam würde: in der Organisation des Produktionsprozesses, im Charakter der Arbeit und in der Transformation der Bedürfnisse. Die Ausrichtung der Produktion auf die Rezeptivität, auf den Genuß der Früchte der Arbeit, auf die Emanzipation der Sinne, auf die Befriedung der Gesellschaft und der Natur würde der maskulinen Aggressivität in ihrer repressivsten und profitabelsten, produktivsten Form, nämlich der Reproduktion des Kapitalismus, den Boden entziehen. Dann wäre das, was unter der Männerherrschaft als die *feminine* Antithese zu den maskulinen Qualitäten erschien, in Wahrheit eine unterdrückte *gesellschaftliche,* geschichtliche Alternative – die sozialistische Alternative: das Ende der sich selbst beschleunigenden und zerstörerischen Produktivität, um jene Bedingungen herzustellen, unter denen die Menschen fähig sind, sich ihrer Sinnlichkeit *und* ihres Verstandes zu erfreuen, zu ihren Emotionen zu stehen.

Wäre das ein »weiblicher Sozialismus«? Der Ausdruck ist, denke ich, irreführend. Denn es geht ja bei einer solchen gesellschaftlichen Umwälzung, d. h. im Falle der Abschaffung der Männerherrschaft, gerade darum, die Zuweisung spezifisch weiblicher (femininer) Eigenschaften an die Frau *als* Frau zu negieren, d. h. diese Qualitäten in allen gesellschaftlichen Sektoren, in der Arbeit wie in der Freizeit zur Entfaltung zu bringen. Dann wäre die Befreiung der Frauen auch die des *Mannes* – für *beide* eine Notwendigkeit.

Auf der gegenwärtigen Stufe des Kapitalismus kann die sich immer schneller drehende Spirale von Fortschritt und Zerstörung, Herrschaft und Unterwerfung nur dann angehalten werden, wenn es der radikalen Linken gelingt, die neuen Dimensionen der Veränderung offen zu halten und das vitale Bedürfnis nach einer qualitativ verschiedenen Lebensweise zu artikulieren und zu mobilisieren. Die Anfänge einer diesen Sachverhalten entsprechenden Strategie und Organisation sind erkennbar – erkennbar sind die Anfänge einer ihnen angemessenen Sprache, die sich aus Verdinglichung und Ritualisierung zu lösen sucht. Die Neue Linke ist nicht gescheitert; gescheitert sind ihre aus der Politik geflohenen Anhänger.

Die Neue Linke läuft indes – wie die Linke überhaupt – Gefahr, den reaktionär-aggressiven Tendenzen des Spätkapitalismus zum Opfer zu fallen. Diese Tendenzen verstärken sich in dem Grade, wie die Krise sich ausbreitet und das System dazu zwingt, in Kriegsdrohungen und in der Unterwerfung der Opposition einen Ausweg zu suchen. Die Notwendigkeit des Sozialismus steht wieder der des Faschismus gegenüber. Die klassische Alternative ›Sozialismus oder Barbarei‹ ist heute aktueller denn jemals zuvor.

Aus dem Amerikanischen von Hans-Martin Lohmann

Ein Interview

USA: Organisationsfrage und revolutionäres Subjekt[1]

Hans Magnus Enzensberger: *Wir haben in Europa den Eindruck, daß sich die politischen Verhältnisse in den USA in den letzten Jahren ungeheuer verschärft und zugespitzt haben. Wir hören von Vorbeugehaft, von schießwütigen Polizisten; die amerikanische Linke hat Listen von Konzentrationslagern veröffentlicht, die schon jetzt bereitstehen sollen; es gibt Gerüchte, die amerikanische Regierung habe Untersuchungen in Auftrag gegeben darüber, wie das Land reagieren würde, wenn die Präsidentschaftswahlen von 1972 abgesagt würden, wenn man einfach keine Wahlen mehr stattfinden ließe. Die Details, die zum Beispiel in Reinhard Lettaus Collage[2] erscheinen, lassen den Schluß zu, daß das ganze System von Law and Order mit seiner Kehrseite immer mehr identisch wird, also Gesetzlichkeit mit Gangstertum, Ordnung mit Willkür: ein fast fugenloses Ineinander von Politik und Verbrechen, von Mafia und Regierung. Auf welchen Begriff läßt sich diese Entwicklung bringen?*

Herbert Marcuse: Ihre Beispiele sind zutreffend. Mit Bezug auf die Konzentrationslager kann ich das nicht mit Bestimmtheit sagen; ich habe sie nicht gesehen. Ich weiß auch nicht, ob es wahr ist, daß die amerikanische Regierung mit dem Gedanken spielt, die Wahlen abzuschaffen. Ich halte das für unwahrscheinlich; denn diese Regierung hat die Wahlen nicht zu fürchten. Die Frage ist, ob in den USA der Faschismus herrscht. Wenn man darunter die allmähliche oder rasche Abschaffung der Reste des Rechtsstaats, die Organisierung von para-militärischen Truppen wie der ›Minutemen‹, die Ausstattung der Polizei mit außerordentlichen Vollmachten versteht, wie zum Beispiel dem berüchtigten ›No-knock Law‹, das die Unverletzlichkeit der Wohnung abschafft; wenn man sich die Entscheidungen der Gerichte aus den letzten Jahren ansieht; wenn man weiß, daß besondere Truppen, sogenannte ›counter-insurgency corps‹, in den Vereinigten Staaten für den möglichen Bürgerkrieg ausgebildet werden; wenn man sich

1 Zuerst erschienen in: *Kursbuch* 22, 1970.
2 Reinhard Lettau, *Täglicher Faschismus*, in: *Kursbuch* 22, 1970.

die beinahe schon direkte Zensur der Presse, des Fernsehens und des Rundfunks ansieht: dann kann man meiner Meinung nach mit voller Berechtigung von einem beginnenden Faschismus sprechen. – Dagegen wird immer wieder eingewandt, daß in Amerika immer noch viel mehr Spielraum für radikale Kritik existiert als heute z. B. in Frankreich. Das ist richtig; es ist dies aber darauf zurückzuführen, daß die amerikanische Gesellschaft sich diese Kritik vorläufig noch gefallen lassen kann, weil sie wirkungslos bleibt.

Es fehlen aber auch noch andere Momente des Faschismus, wie wir ihn kennen, beispielsweise ein charismatischer Führer. Oder glauben Sie, daß Leute wie Nixon oder Agnew oder Reagan ein solches Potential haben? Der direkte Appell an die Massen hat bisher nicht die Formen angenommen, die wir mit dem Faschismus zu verbinden gewohnt sind.

Ich glaube nicht, daß ein charismatischer Führer heute notwendig zum Faschismus gehört. Wie jede andere Bewegung, jede andere Form der Unterdrückung ist auch der Faschismus abhängig von den Tendenzen der Gesamtgesellschaft. Der amerikanische Faschismus wird anders aussehen als der deutsche, und zwar in dem Grad, in dem die amerikanische Gesellschaft sich von der deutschen des Jahres 1933 unterscheidet. Ein charismatischer Führer ist nicht mehr nötig. Ich erinnere Sie an eine ausgezeichnete Formulierung von Shirer, der weiß Gott kein Sozialist ist. Dieser Mann hat kürzlich gesagt, der amerikanische Faschismus werde wahrscheinlich der erste sein, der auf demokratischem Wege und mit demokratischer Rückendeckung zur Macht kommt.

Welche analytische Begründung können Sie für diese Entwicklung in den USA geben? Die gröbsten Faschismus-Theorien, die wir haben, erklären den Sieg Hitlers in Deutschland – sozusagen in erster Annäherung – mit der Wirtschaftskrise von 1929. Sehen Sie in den USA eine auch nur halbwegs vergleichbare Verschärfung der ökonomischen und sozialen Widersprüche?

Ich glaube, daß es so etwas wie einen Präventiv-Faschismus gibt. Wir haben in den letzten zehn bis zwanzig Jahren eine präventive

Gegenrevolution erlebt, zur Abwehr einer Revolution, die gefürchtet wird, die aber gar nicht stattgefunden hat und die auch im Augenblick nicht auf der Tagesordnung steht. Auf die gleiche Art und Weise kommt es zum vorbeugenden Faschismus. Die allmähliche Austrocknung des Rechtsstaats in den USA rührt von den wachsenden Widersprüchen des amerikanischen Imperialismus her. Diese Widersprüche sind zwar im Augenblick noch »manageable«, sie drohen aber selbst in das Bewußtsein der Indoktrinierten einzudringen: der Widerspruch zwischen dem ungeheuren gesellschaftlichen Reichtum und dem miserablen und destruktiven Gebrauch, der davon gemacht wird; der Widerspruch zwischen der Möglichkeit, die entfremdete Arbeit zu reduzieren, und ihrer systematischen Aufrechterhaltung; der Widerspruch zwischen der Möglichkeit, Armut und Elend in der kürzesten Zeit abzuschaffen, und der ungeheuren Verschwendung. Diese Widersprüche lassen sich auf die Dauer nur mit Gewalt unterdrücken.

Werte wie die Arbeitsdisziplin, die der Kapitalismus aufrechterhalten muß, verlieren ihre Macht über die Menschen und beginnen zu zerfallen. Gleichzeitig wird die Sinnlosigkeit des Krieges in Südostasien und der faschistischen Folterdiktaturen in Griechenland und Lateinamerika, welche die USA methodisch unterstützen, so offenbar, daß Beschönigung und Verschleierung nichts mehr verschlagen. Deswegen greift das System zu Maßnahmen, die der Opposition zeigen sollen: Sobald ihr gefährlich werdet, sperren wir euch ein, schlagen wir euch zusammen.

Die Widersprüche, auf die Sie hinweisen, müßten sich aber doch innerhalb der amerikanischen Gesellschaft selbst, das heißt, an ihren Klassenwidersprüchen, konkretisieren lassen. Oder sehen Sie keine Möglichkeit, sie an den amerikanischen Klassenkämpfen festzumachen?

Es handelt sich um übergreifende Widersprüche. Marx hat niemals behauptet, daß die Widersprüche des kapitalistischen Systems sich ausschließlich auf die Klasse der Industriearbeiter konzentrieren. Sie durchherrschen vielmehr die gesamte Gesellschaft, die Infrastruktur sowohl als auch den Überbau. Sie realisieren sich natürlich in sehr verschiedener Weise in den gesellschaftlichen Klassen, aber sie sind Widersprüche des Systems als ganzem.

Sie werden also, Ihrer Ansicht nach, nicht in erster Linie eklatant im Widerspruch zwischen Lohnarbeit und Kapital?

Selbstverständlich auch im Gegensatz zwischen Kapital und Arbeit. Wenn man aber beansprucht, Marxist zu sein, muß man sich davor hüten, den Klassenbegriff zu fetischisieren. Mit den Strukturveränderungen im Kapitalismus verändern sich auch die Klassen und ihre Lage. Nichts ist für einen Marxisten unzulässiger und gefährlicher, als einen verdinglichten Begriff der Arbeiterklasse zu benutzen.

Ich möchte einen Passus zitieren, der bei der europäischen Linken auf erbitterten Widerspruch gestoßen ist. Sie schrieben im Eindimensionalen Menschen: *»Die Realität der arbeitenden Klassen in der fortgeschrittenen Industriegesellschaft macht das Marx'sche Proletariat zu einem mythologischen Begriff.« Was verstehen Sie darunter? Welchen richtigen Begriff vom Proletariat setzen Sie dem »fetischisierten« entgegen?*

Das Marxsche Proletariat trägt die Züge des englischen Industriearbeiters in der Mitte des neunzehnten Jahrhunderts. Das steigende Lohnniveau, die zunehmende Macht der Gewerkschaften und der Arbeiterparteien haben jenes Proletariat in eine Arbeiterklasse verwandelt, die dem Spätkapitalismus entspricht. Diese Klasse wird nach wie vor unterdrückt, aber nicht mehr in der eklatanten und brutalen Form, die Marx beschrieben hat. Wenn man heute einfach vom Proletariat redet, ohne eine genaue Klassenanalyse zu leisten, ohne die Veränderungen im gesellschaftlichen Sein zu analysieren, so verdinglicht man die Marxschen Begriffe.

Die Veränderungen, auf die Sie hinweisen, scheinen mir aber nicht grundlegender Natur zu sein. Selbstverständlich kann in den »fortgeschrittensten« Gesellschaften von absoluter Verelendung kaum die Rede sein; die relative Verelendung aber schreitet weiter fort. Die Ausbeutung der Arbeiterklasse kann man nicht einfach am Lebensstandard ablesen; Kühlschränke und Autos zeigen nicht an, daß sie abgenommen hat. Im Gegenteil. Wenn man die Marxschen Kategorien zugrunde legt, hat sie sogar noch zugenommen. Der Grundwiderspruch nimmt andere Formen an, aber er bleibt bestehen, und er setzt nach wie vor die Dynamik des Klassenkampfs in Gang.

Sie haben in einem Punkte ganz recht: Im Begriff der relativen Verelendung steckt ein entscheidendes Moment für die Aussichten der Revolution im Spätkapitalismus. Diese Revolution wird, in den kapitalistischen Metropolen, nicht mehr primär aus dem physischen Elend geboren; sie ist von Anfang an nicht nur auf dessen Abschaffung ausgerichtet. Wenn man das aber zugibt, dann darf man seine Analyse und seine Strategie nicht mehr auf die Klasse der Fabrikarbeiter und auf ihre Situation begrenzen. Dann muß man über diese Schicht hinausgehen und die Veränderungen in der Arbeiterklasse selbst in Rechnung stellen.

Sie sprachen vorhin von der Klassenanalyse, die dazu nötig ist. Diese Arbeit versuchen die politischen Gruppen der Linken auch in Europa voranzutreiben. Wir sind der Ansicht, daß das keine akademische Arbeit sein kann. Sie erfordert vielmehr eine direkte Auseinandersetzung mit der physischen und moralischen Existenz der Arbeiterklasse. Die Klassenanalyse kann also nur ein Aspekt der politischen Praxis selbst sein. Viele Genossen sind deshalb in die Betriebe, in die gesellschaftlichen Institutionen gegangen. Sie sind zu dem Schluß gekommen, daß die theoretische Analyse isoliert vom organisierten Kampf im Produktionsbereich nicht weiterführt.

Die inneren gesellschaftlichen Widersprüche, die sich aus den Produktionsverhältnissen ergeben, sieht und hört man nicht, wenn man in die Betriebe geht. Selbstverständlich soll man die Analyse der Arbeiterklasse so konkret wie möglich betreiben. Ich habe aber den Verdacht, daß das heute oft zur Verachtung oder Verdrängung der Theorie führt, der man sich nicht mehr gewachsen fühlt. Dann landet man aber wieder bei der bürgerlichen Soziologie. Solange man die Theorie nicht aufgibt, solange man festhält an der Anstrengung des Begriffs, solange man nicht einem fetischisierten Begriff des Proletariats anheimfällt, hat es selbstverständlich seine Bedeutung, in die Betriebe zu gehen. Wenn dieser Schritt aber die theoretische Erfahrung und Analyse *ersetzen* soll, so ist er einfach ein Schritt in die falsche Unmittelbarkeit.

Die Gruppen, die in die Betriebe gehen, berufen sich durchaus auf eine Theorie, nämlich auf die Theorie Lenins.

Dann sollen sie einmal diese Theorie vorlegen. Bisher habe ich davon noch nichts gesehen.

Die Marxisten halten am Ziel der Diktatur des Proletariats unbedingt fest. Glauben Sie, daß dieser Begriff in einer heutigen sozialistischen Bewegung nicht mehr operativ sein kann?

Wenn Proletariat heißen soll »die Fabrikarbeiter«, so wie sie Marx gesehen hat, dann ist diese Formulierung heute völlig unzureichend. Die »Diktatur des Proletariats« war bei Marx – das vergißt man nur allzu leicht – die Diktatur der überwältigenden Mehrheit der Bevölkerung über eine Minderheit. Ist das »Proletariat« in diesem Sinn in den fortgeschrittensten Industrieländern heute noch die überwältigende Mehrheit? Hat es heute noch das Monopol des Ausgebeutetseins?

Wer sonst?

Die Fabrikarbeiter sind nicht mehr die Majorität der Bevölkerung. Lassen Sie mich nur ein Beispiel geben. Es ist, wie Sie wissen, sehr umstritten, ob die Millionen von Angestellten in der amerikanischen Reklameindustrie Mehrwert schaffen oder nicht, das heißt, ob sie, in den Marxschen Begriffen, ausgebeutet werden oder nicht. Ich bejahe diese Frage. Diese Leute tauschen unmittelbar Arbeit gegen Kapital ein, und das ist der Marxsche Begriff der Ausbeutung. Ihre Löhne sind nicht einfach »overhead«-Kosten, sondern sie sind notwendig, um den kapitalistischen Produktionsprozeß aufrechtzuerhalten.

Notwendig zur Realisierung *des Mehrwerts . . .*

Nicht nur das. Sie sind bereits zur Produktion der Waren notwendig, indem sie zum Beispiel die Form der Ware (denken

Sie nur an das Automobil), ja selbst deren Quantität und Qualität vorherbestimmen. Dasselbe gilt natürlich von der dauernd und rapide wachsenden Zahl von Technikern, Ingenieuren, Wissenschaftlern, Psychologen, Soziologen im Produktionsprozeß. Das alles sind Strukturveränderungen innerhalb der Arbeiterklasse. Und da wir heute schon wissen, daß die »white-collar«-Arbeiter auch in Zukunft immer mehr zunehmen werden auf Kosten der Zahl der »blue-collar«-Arbeiter, daß sich das Verhältnis von Hand- und Kopfarbeitern immer weiter verschieben wird, sollten wir mit dem Begriff des Proletariats und dem der »Diktatur des Proletariats« vorsichtig umgehen.

Das hieße aber doch nur, daß auch die Schichten, die man früher dem Kleinbürgertum zugezählt hat, rapide proletarisiert werden.

Sie werden nicht proletarisiert. Die unmittelbare physische, materielle Verelendung läßt sich vom Begriff des Proletariats nicht abspalten.

Darf ich ein Beispiel geben? In Deutschland gibt es heute bereits große Architekturbüros, wo Leute, die sich während ihres Studiums noch eingebildet haben, daß sie später »freiberuflich schaffen«, Häuser entwerfen, also eine schöpferische Arbeit leisten würden, Leute, die also im Grunde eine bürgerliche Berufsperspektive hatten, sich in einem industrialisierten Großbetrieb wiederfinden, an einem Zeichentisch neben Dutzenden von anderen jungen Architekten. Dabei müssen sie feststellen, daß sie tagaus tagein ein Baudetail zu liefern haben. Ein solcher Architekt zeichnet zum Beispiel immerzu Fenster. Das ist ein gutes Beispiel für Proletarisierung.

Wo findet sich derselbe Mann, wenn er abends nach Hause kommt? Findet er sich in einer dreckigen Ein- oder Zweizimmer-Wohnung ohne adäquate sanitäre Einrichtungen? Hat er kein Automobil? Besitzt er die kleinen oder gar nicht so kleinen sogenannten Luxusgüter des Spätkapitalismus, oder besitzt er sie nicht?

Natürlich hat er sie.

Dann ist es ein Hohn auf den wirklichen Proletarier, diese Arbeiterschichten als Proletarier zu bezeichnen.

Gut. Wenn Sie das Proletariat nach einem Konsum- statt nach einem Produktionsverhältnis bestimmen wollen, das heißt letzten Endes, wenn Sie es am Lebensstandard von 1850 messen wollen, dann ist das Proletariat in Europa und den USA eine schwindende Klasse. Aber ist das eine richtige Definition? Verschwindet nicht vielmehr tendenziell der Unterschied zwischen jenem Architekten und dem Mechaniker, der zum Beispiel in einer automatisierten Fabrik Reparaturen vornimmt?

Jawohl, dieser Unterschied verringert sich, aber derart, daß der frühere Proletarier entproletarisiert wird und nicht umgekehrt. Die Automation bringt eine aufreibende, nerventötende Arbeit mit sich; aber das allein macht einen Arbeiter noch nicht zum Proletarier. Sie ersetzt physische durch mentale Arbeitsenergie. Das ist keine Dequalifizierung. Der traditionelle Facharbeiter, der dem Handwerker noch viel näher stand, wird mit der Entwicklung des Spätkapitalismus verschwinden. Die profitable Verwendung der steigenden Arbeitsproduktivität verlangt immer mehr Techniker, immer mehr Ingenieure, immer mehr »white collar workers« und nicht weniger.

Wenn wir die Statistiken der letzten zehn bis fünfzehn Jahre untersuchen, so zeigt sich aber doch, daß der Anteil der manuellen Fabrikarbeiter außerordentlich langsam abnimmt, wenn überhaupt.

Aber woher kommt das? Zum größten Teil ist der Widerstand der Gewerkschaften daran schuld, wenigstens in den USA, zum andern sind es die technischen Probleme der Automation selbst. Diese aber werden langsam behoben. Heute schon geht die Tendenz dahin, daß die Investitionen in den modernsten automatisierten Produktionsmitteln immer rentabler werden, das heißt, das Verhältnis von c : v, von konstantem zu variablem Kapital, verschiebt sich.

Gehen wir nun einen Schritt weiter. Welcher Klasse fällt unter den heutigen Bedingungen die führende Rolle im revolutionären

Prozeß zu? Nach wessen Interessen hat eine revolutionäre Strategie sich zu bestimmen, wenn die unmittelbaren Interessen innerhalb einer weitgefaßten Arbeiterklasse zumindest partiell divergieren? Ist es nicht nach wie vor das Industrieproletariat, das dabei die Führung übernehmen muß?

Wo steht das? Das steht im Buch. Und zwar in einem Buch, das vor geraumer Zeit geschrieben worden ist.

Wenn Sie wollen, suspendieren wir für einen Augenblick die traditionelle Antwort. Dadurch wird aber die Frage nicht erledigt: Wer soll die Führung übernehmen?

Ich muß Ihnen offen sagen, daß diese Fragestellung mir als Marxist ziemlich unsympathisch ist. Schließlich gibt es doch nirgendwo einen Gott oder ein Schicksal oder ein Buch, das nun zu bestimmen hätte, wer die Führung übernehmen soll. Das ist doch verdinglichter Marxismus. Welche der verschiedenen Tendenzen, Gruppen und Klassenschichten sich in der Zukunft radikalisieren wird, auch im Bewußtsein, und wer damit als Avantgarde auftritt, das kann man nicht bestimmen, indem man einfach vorgegebene Kategorien wie »Studenten«, »neue Arbeiterklasse«, »Arbeiterklasse« ohne Reflexion übernimmt. Das wird in den verschiedenen Ländern je nach dem Entwicklungsstand des Kapitalismus ganz verschieden aussehen.

Ich beharre mit Absicht auf meiner Frage, denn diese Frage stellt sich jetzt in einer Phase der Selbstkritik für die sozialistische Bewegung in der Bundesrepublik in aller Schärfe. Wir versuchen, aus den Fehlern der Studentenbewegung, aus ihrem Scheitern zu lernen. Es hat sich herausgestellt, daß die Organisationsformen, die sie spontan gefunden hatte, offenbar nicht weitertragen. Die gegenwärtige Phase ist gekennzeichnet durch die abstrakte Negation des Vorangegangenen. Die antiautoritäre Seite der Bewegung wird, oft auf mechanische Weise, total negiert. Die heutige Praxis stützt sich überwiegend auf die Betriebsarbeit, auf Kaderbildung und Agitation. Sie führt zu einer Rückkehr zu leninistischen Konzepten, auch in der Organisationsfrage. Damit steht der Aufbau einer Kommunistischen Partei, nach den Prinzipien des »demokratischen Zentralismus«, wieder auf der Tagesordnung –

so, wie es ebenfalls im Buch steht. Sind Sie der Meinung, daß dies immer noch eine adäquate Organisationsform sein kann? Und wenn nicht, welche Alternativen sehen Sie?

Sie sind ausgegangen von den Unzulänglichkeiten und den Fehlern der Studentenbewegung. Wie sehen diese Fehler aus?

Die Studentenbewegung ist natürlich von der Klassenlage der Beteiligten bestimmt gewesen, von ihren Interessen und von ihrem Bewußtsein. In der Bundesrepublik rekrutiert sich die Universitäts-Population im wesentlichen aus dem Bürgertum.

Entschuldigen Sie, das ist bereits Vulgär-Marxismus. Daß eine Bewegung ausgeht von der subjektiven Bewußtseinslage ...

... auch von einer ganz bestimmten materiellen Lage! Die Arbeiterklasse ist an den westdeutschen Universitäten notorisch unterrepräsentiert ...

... das heißt noch lange nicht, daß sie diese subjektive Bewußtseinslage nicht transzendieren und allgemeine gesellschaftliche Verhältnisse sehen und artikulieren kann. Daß jemand aus dem Bürgertum kommt, ist scheißegal. Marx und Engels sind auch aus dem Bürgertum gekommen.

Was ich treffe, ist aber keine individuelle Feststellung, sondern ich spreche vom Klassencharakter einer ganzen Bewegung, der sich objektiv bestimmen läßt. Die Arbeiterklasse ist an den westdeutschen Universitäten mit 6–8% vertreten. Das ist doch eine Tatsache.

Aber wer sagt Ihnen denn, daß ein lieber Gott oder ein gutes Schicksal sich als Hort der Wahrheit die Arbeiterklasse ausgesucht hat? Das ist doch reiner Fetischismus.

Das ist ein grundlegendes Element der marxistischen Theorie.

Das ist *nicht* die marxistische Theorie. Der Marxismus hat immer, solange er wirklich Marxsche Theorie war, unterschieden zwischen der Arbeiterklasse an sich und der Arbeiterklasse an und für sich, zwischen dem subjektiven und dem objektiven Faktor. Der Marxismus hat nie die Arbeiterklasse als ein daseiendes Ding genommen, dem die Wahrheit und die Befreiung schlechthin anhaften.

Aber die Arbeiterklasse ist zugleich die Klasse, die gezwungen ist, zur Klasse an und für sich zu werden, und dann verkörpert sie die historische Möglichkeit der Befreiung.

Sie kann auch gezwungen werden, ihre eigene Emanzipation zu unterdrücken. Aber wir kommen vom Ausgangspunkt Ihrer Frage ab, von der Studentenbewegung und ihren Fehlern.

Diese Fehler sind ganz klar. Sie zeigen sich schon daran, daß die Bewegung es nicht verstanden hat, über ihren eigenen Aktionsradius hinaus die arbeitenden Klassen zu mobilisieren.

War das der Fehler der Studenten, oder war daran die objektive Situation der Arbeiterklasse schuld? Lassen Sie mich ein Beispiel geben. Ich beziehe mich dabei wiederum nur auf Amerika, wo ich die Verhältnisse kenne. Es wird Ihnen obliegen, zu sagen, wieweit das auch für andere Länder, besonders für die Bundesrepublik, gilt. Es ist zum allergrößten Teil das Verdienst der Studentenbewegung, die Opposition gegen den Krieg in Vietnam mobilisiert zu haben. Auch bei der Aktivierung der Bürgerrechts-Bewegung haben die Studenten eine große Rolle gespielt. Das geht weit über die persönliche Interessenlage hinaus, im Gegenteil, es widerspricht ihr zum großen Teil, und es trifft in der Tat ins Herz des amerikanischen Imperialismus. Daß die Arbeiterklasse nicht mitgegangen ist, liegt ja weiß Gott nicht an den Studenten. Es ist aus der materiellen und subjektiven Situation der amerikanischen Arbeiterklasse zu erklären.

Das ist sehr die Frage, ob die Studentenbewegung daran unschuldig ist. Warum sollte die Arbeiterklasse konstitutionell unfähig sein, die vietnamesische Revolution zu verstehen?

Sie ist dazu nicht unfähig, aber sie weiß genau, wo ihre Interessen, ihre *unmittelbaren* Interessen liegen, und was für sie auf dem Spiel steht. Sie weiß zum Beispiel ganz genau, daß, wenn der

Krieg in Vietnam wirklich beendet wird, ich weiß nicht wie viele Zehntausende von Arbeitern ihren Job einbüßen. Sie weiß ganz genau, auf welcher Seite ihr Brot gebuttert ist. Ist es nicht überheblich, das zu übersehen und den Arbeitern zu sagen: Gebt alles auf, was ihr jetzt habt, und geht mit mir, bereitet die Revolution vor?

Ist es nicht vielmehr überheblich, von der Arbeiterklasse zu erwarten, daß sie auf die Bewußtseinslage der Studenten unmittelbar eingehen sollte? Solange man nur die Universität, nur seine eigene Klasse kennt und sehen will, solange man sich auf das Produktionsverhältnis der Arbeiter überhaupt nicht einläßt, kann man doch nicht erwarten, diese Klasse zu mobilisieren.

Ich glaube Ihnen einfach nicht, daß man in eine Fabrik gehen und wochen- oder monatelang dort arbeiten muß, um zu wissen, wie entsetzlich Leben und Arbeit dort sind. Die Studenten wußten ganz genau, daß ihr Leben, verglichen mit dem eines Fabrikarbeiters, unendlich viel besser ist. Übrigens kenne ich Hunderte von Studenten, die persönlich so leben, wie kein Arbeiter heute leben würde. Es ist einfach nicht wahr, daß die Studenten eine privilegierte Elite sind, die in Saus und Braus lebt, während es den Arbeitern entsetzlich schlecht geht; das ist einfach eine Entstellung.

Der politisierte Student weist vielleicht gewisse Dinge zurück, die ihm seiner Klassenlage nach zugänglich wären. Aber auch das ist ein Moment seiner Freiheit, mit anderen Worten, ein Moment seiner privilegierten Situation. Er hat eine Wahl, und er trifft sie bewußt.

Wollen Sie deshalb seine Privilegien abschaffen und damit die Möglichkeit, Dinge zu sehen, die die andern nicht wahrnehmen können? Sein Privileg enthält eine Verpflichtung: die Verpflichtung und Verantwortlichkeit des Intellektuellen, alles zu tun, was in seinen Kräften steht, um diese Gesellschaft zu verändern. Das ist heute schon eine sehr gefährliche Arbeit! Es käme einem Verrat gleich, dieses Privileg aufzugeben.

Darum handelt es sich nicht. Die Studentenbewegung hat aber zunächst, und das ist ganz natürlich, an die unmittelbaren Interessen der Studenten angeknüpft. Sie hat die Verhältnisse an den Universitäten kritisiert, und sie wollte diese Verhältnisse ändern.

Das ist nicht wahr. Die Studentenbewegung in den USA hat an die Interessen der Schwarzen in den Ghettos, nicht an ihre eigenen angeknüpft.

Sie hat gleichzeitig verlangt, und zwar mit Recht: Die Ordinarienherrschaft muß gebrochen, die Universität muß vollständig umfunktioniert werden.

Was Sie sagen, gilt ausschließlich für die deutschen Verhältnisse. Die Ordinarien spielen an den amerikanischen Universitäten keine vergleichbare Rolle. In den USA haben die Studenten für das ›Civil-Rights-Movement‹ und gegen den Krieg in Südostasien gekämpft. Alles andere ist sekundär. Gegen die Universitäts-Administration kämpften sie, weil die Universität in den Vietnamkrieg verwickelt war, weil sie Kriegsforschung betrieb, und so weiter. Das halten Sie für Interessen einer Elite? Wenn das nicht Gesamtinteressen sind, dann möchte ich wissen, was Sie darunter verstehen.

Die Studenten haben sich in ihrer Agitation auf das Medium der bürgerlichen Öffentlichkeit verlassen, sie haben eine für die Bevölkerung kaum verständliche Konfrontation mit der Staatsgewalt herbeigeführt. Ihre antiautoritären Regungen hängen teilweise mit dem Sozialisationsprozeß im Bürgertum zusammen, und insofern spielen sie für einen Arbeiter keine Rolle.

Nichts ist unbürgerlicher als die amerikanische Studentenbewegung, während nichts bürgerlicher ist als der amerikanische Arbeiter. (Verzeihen Sie diese kleine Übertreibung!) Die Klischees, mit denen Sie operieren, sind untauglich. Glauben Sie wirklich, daß die Kommunen, die politischen Demonstrationen, die Besetzungen von Gebäuden bürgerlich sind?

Nicht unbedingt. Dagegen scheint mir die sogenannte »Protestszene«, die »Hippie-Szene«, die »Drop-out-Szene«, überhaupt scheinen mir diese ganzen Szenen ein vorwiegend bürgerliches Phänomen zu sein.

Ich glaube, daß es mit der politischen Funktion der Hippies und der »drop-outs« vorbei ist.

Diese Erscheinungen sind von der herrschenden Kultur absorbiert worden.

Sie sind zum Teil sogar reaktionär geworden. Es lag ihnen die Verwechslung von persönlicher mit gesellschaftlicher Befreiung zugrunde.

Eben damit hängt aber auch die Borniertheit der Studentenbewegung zusammen.

Nein. Die politischen Leute lehnen diese Verwechslung ab. Sie sind heute nicht mehr bloße Hippies, ja, sie sind überhaupt keine Hippies mehr.

Die politischen Leute studieren Lenin . . .

Sie lesen Lenin, sie lesen aber auch Hermann Hesse. Hermann Hesses *Steppenwolf* ist in den USA heute eines der beliebtesten und einflußreichsten Bücher.

Eben! Das Problem von Hesses Steppenwolf *ist ein rein innerbürgerliches Problem, das geht nur die Bourgeoisie an. Einem jungen Arbeiter hat dieses Buch nichts zu sagen.*

Liegt das an dem Buch, oder liegt das an dem Arbeiter? Wollen Sie mir erzählen, daß der *Faust* oder der *Don Carlos* einfach bürgerliche Scheiße sind? Oder sollten diese Werke auch dem Arbeiter etwas sagen?

In seiner gegenwärtigen Situation können sie ihm nichts sagen.

Das ist etwas anderes. Hier stimme ich Ihnen zu. Aber gerade diese gegenwärtige Situation soll ja verändert werden.

Kehren wir zurück zur Frage der Organisationsform. Die Unzulänglichkeit der Studentenbewegung zeigt sich auch in dieser Hinsicht. Die Formen, die auf bloße Spontaneität gegründet waren, haben sich als äußerst labil und unzuverlässig erwiesen. Für viele von uns war die Bewegung wenig mehr als ein Versuch zur individuellen Selbstheilung. Heute herrscht demgegenüber bei den politischen Leuten, in Deutschland jedenfalls, die Ansicht vor, daß wir eine Partei brauchen. Die Konstruktion einer solchen Partei ist ein langwieriger Prozeß. Bis heute ist er vorangetrieben, zugleich hintertrieben worden durch Fraktionierung. Der Zerfall der Studentenbewegung wurde geradezu programmatisch beschleunigt. Die einzige nationale Organisation, der SDS, wurde liquidiert. Die bisherigen Versuche, neue Organisationen zu gründen, folgen dem Prinzip der Kaderpartei, strikt nach den Anweisungen Lenins. Man spricht von der Notwendigkeit, die Partei zu »bolschewisieren«. Das Prinzip des demokratischen Zentralismus gilt als unbestreitbar. Der Vieldeutigkeit der studentischen Bewegung wird von vielen ein neuer Dogmatismus entgegengesetzt, der im Stalin-Kult mancher Gruppen absurde Züge annimmt. Wie beurteilen Sie diese Entwicklung?

Man muß sich die Frage stellen, ob die Entwicklung von der leninistischen Kaderpartei zum Stalinismus der zwanziger und frühen dreißiger Jahre, dann zum Stalinismus der Moskauer Prozesse, von Stalin zu Chruščëv, und von Chruščëv bis zu den Herren Brešnev und Kosygin, die mit der Revolution überhaupt nichts mehr zu tun haben – ob diese Entwicklung ein Zufall war, oder ob sie nicht in der Leninschen Kaderpartei von vornherein zumindest als Möglichkeit angelegt war. Ich stelle diese Frage, ich kann sie nicht beantworten. Die Leninsche Kaderpartei baute ursprünglich darauf, daß es in Rußland potentiell revolutionäre Massen gab, die durch den verlorenen Krieg aktiviert werden konnten. Wo diese Massen fehlen, ist die leninistische Kaderpartei keine brauchbare Organisationsform. Jeder Versuch in dieser Richtung muß zur Diktatur einiger selbsternannter Revoluzzer über die anderen führen. Das heißt aber nicht, daß die radikale Linke die Frage der Organisation einfach beiseiteschieben könnte. Wir haben das Stadium erreicht, in dem diese Frage gelöst werden muß. Die Periode der glücklichen, zum großen Teil anarchistischen Spontaneität ist vorbei. Die organisierte

Konterrevolution hat damit sehr schnell Schluß gemacht. Eine Form der Gegenorganisation ist notwendig. Wie soll sie aussehen?

Eine Massenpartei mit zentralisierter Führung auf nationalem Niveau scheint mir in den USA unmöglich; der Staatsapparat könnte sie innerhalb von 24 Stunden erledigen. Wir müssen neue Formen finden, die zu einem hohen Grad dezentral, das heißt lokal und regional aufgebaut sind. Wie die Koordination dieser Gruppen aussehen soll, vermag ich nicht zu sagen. Aber ohne Organisation und ohne Disziplin geht es nicht mehr. Wie schon Engels gesagt hat, ist eine Revolution die autoritärste Sache von der Welt. Revolutionäre Disziplin heißt freilich nicht Diktatur, sondern selbstauferlegte Disziplin, die rational begründet ist. Das schließt die Hippie- und Yippie-Movements, die eine solche Disziplin ablehnen, von vornherein aus.

Damit kommen wir auf frühere Fragen zurück. Muß diese Organisation sich nicht an den Produktionsverhältnissen orientieren? Ist sie denkbar als eine Organisation von Leuten, die abends Meinungen vertreten, die aber in ihrem Verhältnis zum Produktionsprozeß nichts Gemeinsames haben? Muß eine kommunistische Organisation nicht Zellen bilden in allen gesellschaftlichen Institutionen, deren wichtigste die Fabrik ist und auch bleibt?

Selbstverständlich muß man in die Fabriken gehen und besonders mit den jungen Arbeitern politisch arbeiten – nicht, indem man ihnen mit Klischees kommt, das heißt mit dem, was man selbst zum Klischee gemacht hat, Kapitalismus, Imperialismus, Revisionismus usw., sondern indem man versucht, und das ist außerordentlich schwer, ihnen zu zeigen, was heute der Kapitalismus aus den Menschen macht, und daß man das wirklich ändern kann. Aber genausogut muß man mit anderen, mit den Hausfrauen, mit den Intellektuellen, mit den Technikern reden.

Die Tradition der Arbeiterbewegung scheint aber zu zeigen, daß man die Leute in ihrem Produktionsverhältnis organisieren muß, nicht als Privatleute, die zu Hause, so wie die Bibelforscher, irgendwelche Ansichten und Interessen hegen. Das konstituierende Moment der Arbeiterorganisationen war doch ihr Verhältnis zur Produktion. Ich sehe zum Beispiel nicht, wie man die Hausfrauen, als Hausfrauen, organisieren könnte.

Das sehen Sie nicht? Sie sehen nicht, wie man die amerikanischen Hausfrauen organisieren kann, um gegen den Vietnam-Krieg zu protestieren, Streiks zu unterstützen, Boykotte durchzusetzen?

Kampagnen dieser Art sind möglich, aber eine kommunistische Kampforganisation kann auf diese Weise kaum aufgebaut werden.

Die kommunistische Kampforganisation ist eine Sache der Zukunft. Bis dahin ist eine entsetzlich schwierige und langwierige Aufklärungsarbeit zu leisten. Rudi Dutschke hat die bisher noch immer beste Formel dafür gefunden: Der lange Marsch durch die Institutionen ist nach wie vor geboten.

Ist die Entwicklung in den USA nicht so bedrohlich, daß diese geduldige Aufklärungsarbeit in Gefahr gerät, von den Ereignissen überrollt zu werden?

Eben deshalb darf man die geringen Kräfte, die man hat, nicht leichtfertig aufs Spiel setzen. Opfer und Märtyrer kämen nur dem Establishment zugute. Der Gegner ist im Augenblick phantastisch gut organisiert. Das muß man in Rechnung stellen.

Die Strategie, die Sie für die amerikanische Bewegung vorschlagen, ist also im Grunde erzieherisch und vorerst defensiv.

Das ist leider die einzige Möglichkeit, die ich sehe.

Wenn man über die Zukunftsaussichten der amerikanischen Gesellschaft spricht, so geht das nicht ohne einen spekulativen Zug ab. Das Wort Bürgerkrieg ist bereits gefallen. Wenn man das für eine mögliche Perspektive hält, kann man dann bei einer rein defensiven, vorsichtigen, im wesentlichen auf Bewußtseinsveränderungen abzielenden Strategie bleiben? Sie rechnen doch damit, daß die Widersprüche in den USA gewaltsam explodieren werden.

Wenn sie explodieren, dann ist das wahrscheinlichste Resultat der Sieg des neuen Faschismus.

Und nicht der Volkskrieg in den Vereinigten Staaten?

Nein. Möglich ist in den USA heute und morgen der Rassenkrieg, nicht aber der offene, politische Klassenkampf. Der Klassenkampf im ökonomischen Sinn geht selbstverständlich weiter. Was den Kampf der Schwarzen angeht, so versuchen die Black Panthers verzweifelt, ihm eine politische Wendung zu geben; aber ihre Führer werden einer nach dem anderen mundtot gemacht oder wirklich getötet. Im übrigen sind die militanten Schwarzen selbst in den Ghettos eine Minorität.

Sie werden aber nicht sagen wollen, daß der Rassengegensatz etwas anderes wäre als eine mystifizierte Form des Klassenkampfes.

Nein. Andererseits glaube ich nicht, daß er sich ohne weiteres in einen Klassenkampf umwandeln läßt. Bedenken Sie nur die ungeheure Aversion vieler weißer Arbeiter gegen ihre schwarzen Kollegen.

Auch das hat doch klassenspezifische, und zwar sogar direkt ökonomische Gründe.

Aber was ist das für ein Klassenkampf, in dem sich weiße und schwarze Arbeiter als Feinde gegenüberstehen?

In einer solchen Frontstellung wären die weißen Arbeiter nichts anderes als Hilfstruppen des Kapitals.

Das haben Sie gesagt, nicht ich.

Herr Marcuse, haben Sie – das ist ein Modewort der Futurologen –, haben Sie so etwas wie ein Szenario für die nächsten zehn Jahre in den USA? Wie schätzen Sie die Aussichten dieser Gesellschaft ein?

Ich vermute, daß die Repression in den nächsten Jahren noch

intensiver wird; ich vermute, daß das die radikale Opposition vor unendlich schwierige Fragen stellt, vor allem, was die Rolle und die Grenzen der politischen Aktion, der Gegengewalt usw. betrifft; ich vermute, daß die Widersprüche im amerikanischen Kapitalismus sich verschärfen, im Innern wie auf internationaler Ebene, und daß gerade deswegen die Repression zunimmt; ich vermute, daß das faschistische Potential weiter ansteigt, und daß die radikale Opposition ihre ganze Kraft brauchen wird, um durch Aufklärung, Erziehung und Beispiel zu verhindern, daß größere Teile der Arbeiterklasse dem Faschismus anheimfallen.

Heute kann die neofaschistische Periode des Imperialismus vielleicht noch verhindert werden. Die Gegenkräfte sind da. Wir haben nicht vom Entscheidenden gesprochen: von der politischen Ökonomie. Sie läßt sich nicht im Rahmen eines kurzen Gesprächs diskutieren. Nur ein paar Andeutungen. In der sogenannten »Konsumgesellschaft« stößt die kapitalistische Produktionsweise auf ihre innere Grenze: Saturierung des Investitions- und Warenmarkts. Die »unproduktive« Arbeit wächst im Verhältnis zur produktiven. Inflation, und das heißt Sinken des Reallohns, gehört jetzt zur Dynamik des Systems. Während die imperialistische Expansion in weniger entwickelte kapitalistische Länder (Kanada, Frankreich, England) fortschreitet, stößt sie in Lateinamerika auf immer größeren Widerstand (Chile, Peru, Bolivien). China ist auf dem Weg zur kommunistischen Großmacht. Der Befreiungskampf des vietnamesischen und kambodschanischen Volkes zeigt die menschliche und militärische Möglichkeit, der gewaltigsten Zerstörungsmaschine aller Zeiten Einhalt zu gebieten. In der Metropole des Weltkapitalismus droht die Desintegration der Arbeitsmoral zur materiellen Kraft zu werden, die das reibungslose Funktionieren des Systems gefährdet. Aber die einzige wirkliche Opposition, die heute in den Vereinigten Staaten kämpft, um die globale Gegenrevolution aufzuhalten, ist die der radikalen Jugend und der Militanten der Ghettos. Alle Differenzen in Fragen der Strategie und Taktik, alle ideologischen Differenzen müssen »suspendiert« werden, alle von vornherein selbstzerstörerischen Aktionen, alle Ungeduld und aller Defätismus müssen um des gemeinsamen Kampfes willen überwunden werden – denn es geht heute nicht um die Offensive, es geht um die Selbsterhaltung der Bewegung als einer radikalen politischen Kraft.

Bibliothek Suhrkamp

345 Peter Huchel, Ausgewählte Gedichte
346 Adolf Portmann, Vom Lebendigen
348 Knut Hamsun, Mysterien
350 James Joyce, Ein Porträt des Künstlers
351 Franz Kafka, Die Verwandlung
352 Hans-Georg Gadamer, Wer bin Ich und wer bist Du?
353 Hermann Hesse, Eigensinn
354 Wladimir W. Majakowskij, Ich
356 Werner Kraft, Spiegelung der Jugend
357 Edouard Roditi, Dialoge über Kunst
359 Bernard Shaw, Der Kaiser von Amerika
360 Bohumil Hrabal, Moritaten und Legenden
361 Ödön von Horváth, Glaube Liebe Hoffnung
362 Jean Piaget, Weisheit und Illusionen der Philosophie
363 Richard Hughes, Ein Sturmwind auf Jamaika
365 Wolfgang Hildesheimer, Tynset
366 Stanisław Lem, Robotermärchen
367 Hans Mayer, Goethe
368 Günter Eich, Gedichte
369 Hermann Hesse, Iris
370 Paul Valéry, Eupalinos
371 Paul Ludwig Landsberg, Die Erfahrung des Todes
372 Rainer Maria Rilke, Der Brief des jungen Arbeiters
373 Albert Camus, Ziel eines Lebens
375 Marieluise Fleißer, Ein Pfund Orangen
376 Thomas Bernhard, Die Jagdgesellschaft
377 Bruno Schulz, Die Zimtläden
378 Roland Barthes, Die Lust am Text
379 Joachim Ritter, Subjektivität
380 Sylvia Plath, Ariel
381 Stephan Hermlin, Der Leutnant Yorck von Wartenburg
382 Erhart Kästner, Zeltbuch von Tumilat
282 Yasunari Kawabata, Träume im Kristall
384 Zbigniew Herbert, Inschrift
385 Hermann Broch, Hofmannsthal und seine Zeit
386 Joseph Conrad, Jugend
387 Karl Kraus, Nestroy und die Nachwelt
388 Ernst Bloch, Erbschaft dieser Zeit
389 Thomas Mann, Leiden und Größe der Meister
390 Viktor Šklovskij, Sentimentale Reise
391 Max Horkheimer, Die gesellschaftliche Funktion der Philosophie

edition suhrkamp

670 Peter Bulthaup, Zur gesellschaftl. Funktion der Naturwissenschaften
671 Materialien zu Horváths ›Glaube Liebe Hoffnung‹. Herausgegeben von Traugott Krischke
672 Reform des Literaturunterrichts. Eine Zwischenbilanz. Herausgegeben von H. Brackert und W. Raitz
673 Boris A. Uspenskij, Poetik d. Komposition
674 Ebbighausen (Hrsg.), Monopol und Staat
675 Autorenkollektiv Textinterpretation und Unterrichtspraxis, Projektarbeit als Lernprozeß
677 Heinar Kipphardt, Stücke II
678 Erving Goffman, Asyle
679 Dieter Prokop, Massenkultur und Spontaneität
680 Die Kommune in der Staatsorganisation
681 M. Dubois-Reymond / B. Söll, Neuköllner Schulbuch, 2 Bände
682 Dieter Hoffmann-Axthelm, Theorie der künstlerischen Arbeit
683 Dieter Kühn, Unternehmen Rammbock
687 Rossana Rossanda, Über die Dialektik von Kontinuität und Bruch
688 Evsej G. Liberman, Methoden der Wirtschaftslenkung im Sozialismus
689 Martin Walser, Die Gallistl'sche Krankheit
694 Schule und Staat im 18. u. 19. Jahrhundert. Herausgegeben von K. Hartmann, F. Nyssen, H. Waldeyer
695 Gesellschaft, Beiträge zur Marxschen Theorie 1
696 Hans Magnus Enzensberger, Palaver
697 Psychoanalyse der weiblichen Sexualität. Herausgegeben von Janine Chasseguet-Smirgel
699 Wolfgang Lempert, Berufliche Bildung als Beitrag zur gesellschaftlichen Demokratisierung
700 Peter Weiss, Gesang vom Lusitanischen Popanz
701 Sozialistische Realismuskonzeptionen.
702 Claudio Napoleoni. Ricardo und Marx. Herausgegeben von Cristina Pennavaja
704 Joachim Hirsch, Staatsapparat und Reproduktion des Kapitels
705 Neues Hörspiel O-Ton. Der Konsument als Produzent. Herausgegeben von Klaus Schöning
707 Franz Xaver Kroetz, Oberösterreich, Dolomitenstadt Lienz, Maria Magdalena, Münchner Kindl
708 Was ist Psychiatrie? Herausgegeben von Franco Basaglia
709 Kirche und Klassenbindung. Herausgegeben von Yorick Spiegel
710 Rosa Luxemburg oder Die Bestimmung des Sozialismus. Herausgegeben von Claudio Pozzoli
711 Rudolf Rocker, Aus den Memoiren eines deutschen Anarchisten
712 Hartwig Berger, Untersuchungsmethode und soziale Wirklichkeit

713 Werkbuch über Tankred Dorst. Herausgegeben von Horst Laube
715 Karsten Prüß, Kernforschungspolitik in der Bundesrepublik Deutschland
718 Perspektiven der kommunalen Kulturpolitik. Herausgegeben von Hilmar Hoffmann
719 Peter M. Michels, Bericht über den polit. Widerstand in den USA
720 Lelio Basso, Gesellschaftsformation u. Staatsform
722 Jürgen Becker, Umgebungen
724 Otwin Massing, Politische Soziologie
726 Ernst Bloch, Ästhetik des Vor-Scheins 1
727 Peter Bürger, Theorie der Avantgarde
728 Beulah Parker, Meine Sprache bin ich
729 Probleme der marxistischen Rechtstheorie. Herausgegeben von H. Rottleuthner
730 Jean-Lux Dallemagne, Die Grenzen der Wirtschaftspolitik
731 Gesellschaft, Beiträge zur Marxschen Theorie 2
732 Ernst Bloch, Ästhetik des Vor-Scheins 2
733 Alexander Kluge, Gelegenheitsarbeit einer Sklavin
735 Paul Mattick, Spontaneität und Organisation
736 Noam Chomsky, Aus Staatsraison
737 Louis Althusser, Für Marx
738 Spazier/Bopp, Grenzübergänge. Psychotherapie
739 Gesellschaft, Beiträge zur Marxshen Theorie 3
740 Bertolt Brecht, Das Verhör des Lukullus. Hörspiel
741 Klaus Busch, Die multinationalen Konzerne
744 Gero Lenhardt, Berufliche Weiterbildung und Arbeitsteilung in der Industrieproduktion
745 Brede/Kohaupt/Kujath, Ökonomische und politische Determinanten der Wohnungsversorgung
747 Gunnar Heinsohn, Rolf Knieper, Theorie des Familienrechts
758 Brecht-Jahrbuch 1974. Herausgegeben von J. Fuegi, R. Grimm, J. Hermand
760 Lodewijk de Boer, The Family
761 Claus Offe, Berufsbildungsreform
762 Petr Kropotkin, Ideale und Wirklichkeit in der russischen Literatur
764 Gesellschaft, Beiträge zur Marxschen Theorie 4
769 Jahoda/Lazarsfeld/Zeisel, Die Arbeitslosen von Marienthal
770 Herbert Marcuse, Zeit-Messungen
772 Th. W. Adorno, Gesellschaftstheorie u. Kulturkritik
773 Kurt Eisner, Sozialismus als Aktion
776 Reichert/Senn, Materialien zu Joyce »Ein Porträt des Künstlers«
775 Horn, Luhmann, Narr, Rammstedt, Röttgers, Gewaltverhältnisse und die Ohnmacht der Kritik
777 Caspar David Friedrich und die deutsche Nachwelt. Herausgegeben von Werner Hofman
815 Giselher Rüpke, Schwangerschaftsabbruch und Grundgesetz

Alphabetisches Verzeichnis der edition suhrkamp

Abendroth, Sozialgesch. d. europ. Arbeiterbewegung 106
Achternbusch, L'Etat c'est moi 551
Adam, Südafrika 343
Adorno, Drei Studien zu Hegel 38
Adorno, Eingriffe 10
Adorno, Kritik 469
Adorno, Jargon d. Eigentlichkeit 91
Adorno, Moments musicaux 54
Adorno, Ohne Leitbild 201
Adorno, Stichworte 347
Adorno, Zur Metakritik der Erkenntnistheorie 590
Adorno, Gesellschaftstheorie u. Kultur 772
Aggression und Anpassung 282
Alff, Der Begriff Faschismus 456
Althusser, Für Marx 737
Andersch, Die Blindheit des Kunstwerks 133
Antworten auf H. Marcuse 263
Architektur als Ideologie 243
Architektur u. Kapitalverwertung 638
Über H. C. Artmann 541
Arzt u. Patient in der Industriegesellschaft, hrsg. v. O. Döhner 643
Aspekte der Marxschen Theorie I 632
Aspekte der Marxschen Theorie II 633
Augstein, Meinungen 214
Autonomie der Kunst 592
Autorenkollektiv Textinterpretation . . ., Projektarbeit als Lernprozeß 675
Baran Sweezy, Monopolkapital [in Amerika] 636
Barthes, Mythen des Alltags 92
Barthes, Kritik und Wahrheit 218
Basaglia, F., Die abweichende Mehrheit 537
Basaglia, F. (Hrsg.), Die negierte Institution 655
Basaglia, F. (Hrsg.), Was ist Psychiatrie? 708
Basso, L., Gesellschaftsformation u. Staatsform 720
Baudelaire, Tableaux Parisiens 34
Becker, E. / Jungblut, Strategien der Bildungsproduktion 556
Becker, H., Bildungsforschung 483
Becker, J., Ränder 351
Becker, J., Umgebungen 722
Über Jürgen Becker 552
Beckett, Aus einem aufgegeb. Werk 145
Beckett, Fin de partie / Endspiel 96
Materialien zum ›Endspiel‹ 286
Beckett, Das letzte Band 389
Beckett, Warten auf Godot 3
Beiträge zur marxist. Erkenntnistheorie 349
Benjamin, Das Kunstwerk 28
Benjamin, Über Kinder 391
Benjamin, Kritik der Gewalt 103
Benjamin, Städtebilder 17
Benjamin, Versuche über Brecht 172
Berger, Untersuchungsmethode u. soziale Wirklichkeit 712
Bergman, Wilde Erdbeeren 79
Bernhard, Amras 142
Bernhard, Fest für Boris 440
Bernhard, Prosa 213
Bernhard, Ungenach 279
Bernhard, Watten 353
Über Thomas Bernhard 401
Bertaux, Hölderlin u. d. Französ. Revol. 344
Berufsbildungsreform, hrsg. v. C. Offe 761
Bloch, Avicenna 22
Bloch, Ästhetik des Vor-Scheins I 726
Bloch, Ästhetik des Vor-Scheins II 732
Bloch, Das antizipierende Bewußtsein 585
Bloch, Christian Thomasius 193
Bloch, Durch die Wüste 74
Bloch, Über Hegel 413
Bloch, Pädagogica 455
Bloch, Tübinger Einleitung in die Philosophie I 11
Bloch, Tübinger Einleitung in die Philosophie II 58
Bloch, Über Karl Marx 291
Bloch, Vom Hasard zur Katastrophe 534
Bloch, Widerstand und Friede 257
Block, Ausgewählte Aufsätze 71
Blumenberg, Kopernikan. Wende 138
Böhme, Soz.- u. Wirtschaftsgesch. 253
Boer, Lodewijk de, The Family 760
Böckelmann, Theorie der Massenkommunikation 658
du Bois-Reymond, B. Söll, Neuköllner Schulbuch, 2 Bände 681
du Bois-Reymond, M., Strategien kompensator. Erziehung 507
Bond, Gerettet / Hochzeit d. Papstes 461
Brandt u. a., Zur Frauenfrage im Kapitalismus 581
Brandys, Granada 167
Braun, Gedichte 397
Brecht, Antigone / Materialien 134
Brecht, Arturo Ui 144
Brecht, Ausgewählte Gedichte 86
Brecht, Baal 170
Brecht, Baal der asoziale 248